CITIX60

台北熱情親切，不管你來自何方，這個城市都會拿出便宜美味的小吃與豐富的創意文化款待你。這裡適合遊走，各區域都有獨特面貌，僅需搭乘捷運或騎單車，就能輕鬆來往於繁華市區與迷人山水之間。台北兼容並蓄，保存完好的中國與日本文化影響，與當下蓬勃發展的藝術、設計、生活零售領域，共同譜出令人輕易愛上的城市魅力。

《CITIx60：台北》透過五種角度探索這個台灣首府，涵蓋建築地標、藝術場地、市集商舖、餐飲勝地和娛樂場所。60位當下台北創作名宿將逐一為本書提供專家級指引，帶領讀者發掘這座城市引人入勝之處，體味台北人充滿創造力的生活。

U0106778

目錄

出發之前

基本資訊

通用貨幣
新台幣（TWD/ NT$）
匯率：USD 1：TWD 30.8

時區
格林威治標準時間（GMT）+8小時
台北不設夏令時間（DST）

電話撥號
國際區號：+886
城市區號：2

天氣概況（平均溫度）
春季（3月至5月）：14−28°C/ 57−82°F
夏季（6月至8月）：23−33°C/ 73−91°F
秋季（9月至11月）：17−26°C/ 63−79°F
冬季（12月至2月）：10−20°C/ 50−68°F

實用網頁

台北捷運
www.metro.taipei

YouBike微笑單車
taipei.youbike.com.tw

緊急電話

召喚救護車、火災
119

報警
110

緊急救難專線
112

駐台辦事處
日本　　+886 2 2713 8000
南韓　　+886 2 2758 8320
法國　　+886 2 3518 5151
德國　　+886 2 8722 2800
英國　　+886 2 8758 2088
美國　　+886 2 2162 2000

機場交通

機場捷運直達車
桃園國際機場 ←→ 台北車站
列車班次/ 旅程：每15分鐘一班/ 35分鐘
從桃園國際機場出發：首班列車 0612，尾班列車 2244
從台北車站出發：首班列車 0600，尾班列車 2258
單程：NT$160
www.tymetro.com.tw

捷運
松山機場 ←→ 台北車站
列車班次/ 旅程：每4-12分鐘一班/ 25分鐘
從松山機場站出發（第一航廈前）：首班列車 0602，尾班列車 0025
從台北車站出發：首班列車 0600，尾班列車 0035
於忠孝復興站轉乘：
單程票：NT$25
www.metro.taipei

台北市內公共交通

- 捷運
- 巴士
- 單車
- 的士

付款方式
- 悠遊卡
- 現金
- 信用卡

* 以悠遊卡搭乘捷運每程車費有8折優惠。信用卡只限台鐵及高鐵的網上購票。

公眾假期

1月　1日（元旦）
2月　春節*，28日（和平紀念日）
4月　4日（兒童節），5日（清明節）
5月　1日（勞動節），端午節*
10月　中秋節*，10日（雙十節）

*以農曆計算，每年日期不同。春節期間，銀行、大部分公共服務機構及商舖關閉。如假期與周末重疊，則於之前或之後的工作日替補。

節慶 / 重要活動

2月
台北國際書展
www.tibe.org.tw

3月
台北文學季（至5月）
FB: tlfwh
台北國際攝影藝術交流展
www.wonderfoto.com

4月
春浪音樂節
www.spring-wave.com

5月
新一代設計展
www.yodex.com.tw

6月
台北電影節（至7月）
www.taipeiff.taipei

7月
臺北兒童藝術節（至8月）
www.taipeicaf.org

8月
臺北藝穗節（至9月）
www.taipeifringe.org

9月
台灣設計師週（至10月）
www.designersweek.tw
臺北藝術節（至10月）
www.taipeifestival.org
台北雙年展（至翌年2月）
www.taipeibiennial.org

10月
臺北白晝之夜
nuitblanche.taipei

11月
台北數位藝術節
www.dac.tw/daf

各活動舉辦日期每年皆不同，請瀏覽網頁以獲得
最新資訊。

特色遊蹤

台北找茶園
www.taipeitea.com.tw/teach.php

法鼓山農禪寺禪修（只限中文）
ncm.ddm.org.tw

貓空纜車
www.gondola.taipei

台灣走讀
www.taiwanwalks.com

台北城市散步
www.taipei-walkingtour.tw

街遊（只限中文）
www.hiddentaipei.org

智慧手機應用程式

公共交通路線地圖及即時動態
台北搭捷運
台北公車通

手搖飲料地圖
大家來找茶Free（iOS系統專用）

探訪台灣文學作品實景
台灣文學地景閱讀與創作（只限中文）

日常支出

一杯手工咖啡
NT$120

郵政服務/ 國際郵政服務
NT$2.5/ NT$6至NT$12（明信片）

小費
台灣沒有支付小費的習慣，但高級餐廳會收取
10-15%服務費。

從1數到10

為何台北如此與別不同？

插圖：Guillaume Kashima aka Funny Fun

對台北感到陌生？別擔心，這個多元城市會展開雙臂，熱情友善地擁抱你。融合中國、日本與歐美文化，從隨時上演的藝術文化活動，到聞名世界的夜市小吃，在台北的遊歷，既能讓人沉澱身心，又能感受到其源源不絕的活力。讓台北創意人為你推薦有關台北的必買、必去、必嚐事物。無論你選擇途經或久留，一眾台北創意人的心水精選都值得你審視、細味、閱讀，並細意珍藏。

1

表演藝術

以現代舞蹈尋根
雲門舞集、雲門2
www.cloudgate.org.tw

沉緩的身體美學
無垢舞蹈劇場
www.legend-lin.org.tw

原住民樂舞文化
原舞者
fasdt.yam.org.tw

淨化人心的鼓聲
優人神鼓
FB: utheatre1988

原創劇本及獨特劇場風格
莎士比亞的妹妹們的劇團
FB: swsg95

傳統戲曲
臺北戲棚
www.taipeieye.com

5

生活日常

喝手搖飲料
清心福全
www.chingshin.tw

看漁市場清晨交易
崁仔頂漁市場
基隆市仁愛區孝一路

抽籤詩
艋舺龍山寺
www.lungshan.org.tw

"拜拜"
行天宮
www.ht.org.tw

乘坐本地朋友的摩托車穿梭整個城市

通宵看書
誠品書店敦南店
FB: eslite.dunnan.bookstore

住包廂型網咖
Qtime京站店
大同區承德路一段32號

6

小吃

蘿蔔絲餅
溫州街蘿蔔絲餅達人
大安區和平東路一段186-1號

胡椒餅
饒河街夜市福州世祖胡椒餅
松山區饒河街

割包
藍家割包
中正區羅斯福路三段316巷8弄3號

鹽酥雞
兄弟鹽酥雞
信義區林口街51號

蔥抓餅
林家蔥抓餅
士林區中正路235巷8號

烤台灣香腸
通化夜市大花香腸
大安區臨江街

7

早餐店

豆漿包點
大三元豆漿店
中正區寧波西街233號

法式吐司
陳根找茶
信義區莊敬路391巷7號

滷肉飯
圓環魯肉飯肉羹
FB: store.fruit

肉圓
阿財彰化肉圓
中山區龍江路21巷13號

蛋餅
味鼎蛋餅
中山區龍江路21巷3號

蔥仔餅
美而美
www.mam.com.tw

圖示索引

🕐 開放時間

$ 收費

🏠 地址

f Facebook

📞 聯絡方式

URL 網頁

📎 備註

📍1 特載地標

請掃描二維碼（QR code）以登錄谷歌地圖（Google Maps）查看每一地標的周邊地區。必須連接網絡服務。

60×60

60位創意人×60個熱門勝地

無論是壯闊的都市地景，還是當地人訴説的隻言片語，台北無處不在的是人們對創造力的追求。60X60為你引領至60位品味人士流連忘返的鑑賞觸覺源頭。

地標與建築

現場：01 – 12 ●

漫遊台北的古舊建築，感受這裡結合中日、充滿溫度的歷史。從圖書館、大學校舍到園林設計，都能看到台北建築喜與自然融和的特色。

文化現場與藝術空間

現場：13 – 24 ●

隱藏於幽恬巷弄中或舊工廠內，各界藝文人士為自己熱愛的領域開闢的大小型展演空間，靜靜滋養着台北的文化生活。

市集與商舖

現場：25 – 36 ●

要真正體驗台北生活，可到各式傳統市場，或在小店購買各種工匠製品及以在地農產製作的好物，帶着只屬於台灣的美好回憶回家。

餐廳與咖啡室

現場：37 – 48 ●

精品咖啡於台北生機勃勃，咖啡室別樹一幟的格局令人流連忘返。不論是台式或西式料理，都因為善用新鮮的本地食材而格外好吃。

夜生活

現場：49 – 60 ●

台北的夜晚多姿多采。你可選擇安靜度過，或與三五知己看看夜景、試試本地精釀，亦可到夜店狂歡，或以各式夜市小吃填滿肚子。

地標與建築

中日遺風、亂中有序的街區和簡約新式建築

從1950年代起,台北以爆炸性增長速度進行建設,直至所在的盆地已經沒有多餘的土地為止。市中心主要大道以棋盤式排列,依照中華傳統價值來命名。觀光客雲集的中正紀念堂、兩廳院 🔟 與國立故宮博物院 ❶,其仿古建築風格反映曾經的權威時代,同時期建成的國父紀念館則是建築師王大閎融合現代主義精神的反思之作。進入21世紀,台北101大樓以後現代語彙繼續表現東方意象,巨大結構體改寫了城市景觀。嘗試突破當代建築想像的作品也不斷出現,包括由姚仁喜設計的實踐大學設計學院 ❸ 與體育館,以及由伊東豐雄設計的辜振甫先生紀念圖書館 ❺。漫步在城市西邊,280年前建成的艋舺龍山寺 ❷ 與有許多百年老房的大稻埕,讓人看到台灣源遠流長的城市歷史。特別是迪化街 ❾ 上許多仿巴洛克式立面仍然被完整保存,是這個城市在不斷前進的步伐間,為浪漫旅行者留下的美麗資產。

馮宇
IF OFFICE創辦人

曾任多本雜誌的媒體創意兼藝術指導，並涉足品牌規劃與全方位設計服務，同時於各企業組織、大專院校開設設計講座。

Lungshan Temple
P.015

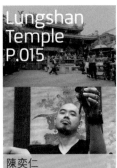

陳奕仁
仙草影像創辦人

總在挑戰自己，拍出以前沒做過的作品。除了拍MV及廣告，接下來還想挑戰更多領域。

何庭安
美術總監暨平面設計師

1991年生。2014年自實踐大學媒體傳達設計學系畢業，同年與友人創立影像工作室STUDIO 411。其動畫作品曾參與威尼斯雙年展，近期則主力從事品牌識別、商業展演及音樂錄影帶之藝術指導。

National Palace Museum
P.014

黃家賢
洋蔥設計創意總監

於香港出生，1999年在台北成立洋蔥設計。喜歡電影、登山、表演藝術、次文化、貓，還有周星馳，始終擁有搖滾夢。有時也在學學文創教授字形學。

Koo Chen-fu Memorial Library
P.018

賀仁瑋
Pistacchi Design創辦人

皮思達奇設計（Pistacchi Design）創辦人。讓人會心一笑的幽默是其標記。旅行和美食一直是他探索世界和挖掘靈感的不二法門，其中高密度的"城市"匯集了不一樣的特色與人文風景，是他覺得最酷的地方。

College of Design @ SCU
P.016

李霈
花藝設計師

土生土長的台灣居民，從事空間與植物整合的設計，目前為質物霽畫的主理人。

Treasure Hill
P.017

Taipei Botanical Garden
P.020

陳狐狸
插畫家

喜歡貓，與工作夥伴擁有一個名為Sometime-else Practice的設計工作室。喜歡文字與圖畫，不論分開或一起。

Elephant Mountain Hiking Trail
P.022

Riin
女孩與機器人主唱

是女孩與機器人中的女孩。既擔任電子流行樂團主唱，也是音樂及文字創作者。

陳冠凱
攝影師

從事自由攝影工作，透過影像與世界產生共鳴，熱愛無拘無束的生活方式。

Qidong St. Japanese Houses
P.021

Dihua Street
P.023

Baboo
劇場導演

1997年開始投入劇場導演工作，至今發表23個作品，現為莎士比亞的妹妹們的劇團駐團導演。

Beitou Public Library
P.026

這邊音樂那邊設計工作室
多媒體創意工作室

結合音樂錄製、平面設計的雙部門工作室，為了令音樂創作者於這個空間完成整張專輯而成立。

葉士豪
Sense30聯合創辦人

復古單車品牌Sense30的每輛單車均由師傅幫顧客量身訂製。品牌推廣bicycle fashion，希望大眾把騎單車融入生活。

National Theater and Concert Hall
P.024

Taipei Riverside Bikeways
P.027

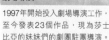

1 國立故宮博物院
National Palace Museum //
地圖 V • P.110

毫無疑問，國立故宮博物院擁有世界上最豐富的中華文物典藏。這個觀光客必訪的景點，建築本身是1960年代興建的仿古式樣，真正欣賞的重點是裡面的珍寶。距今超過3,000年的商朝與周朝出產的青銅器、唐代文人書畫、宋代的陶瓷與繪畫，以及近代的工藝品，讓人待上一天也看不完。故宮博物院針對70萬件以上藏品，經過縝密研究與策展，不斷推出主題展，是中華文化入門的最佳途徑。商店也很有看頭，近年故宮開發出許多受歡迎的創意商品，讓古代文物增添了趣味與現代實用功能。

🕐 0830-1830（周日至周四），0830-2100（周五及周六） 💲 NT$250/ 150 🏠 士林區至善路二段221號
📞 +886 2 2881 2021 🔗 www.npm.gov.tw

"雖說汝窯是故宮鎮館之寶，但我更推薦大家欣賞定窯。"
—— 馮宇，IF OFFICE

2 艋舺龍山寺
The Lungshan Temple // 地圖 A • P.102

龍山寺於1738年建立，所在的萬華地區，又
稱艋舺，是台北城市文化最早的發源地。從一
開始，龍山寺就香客鼎盛，不僅是居民信仰中
心，在早期還曾經是議事和訴訟時求諸神靈公
斷的地方。寺廟坐北朝南，是中式傳統三進四
合院的宮殿式建築。最前面的三川殿有全台唯
一的銅鑄蟠龍柱，光是雕刻就需數年時間。在
龍山寺，可以體會到庶民虔誠的信仰，也能夠
從歷史悠久的傳統建築和裝飾細節裡看見屬於
台北的優美歷史。

🕐 0600-2200（周一至周日）
🏠 萬華區廣州街211號
📞 +886 2 2302 5162
URL www.lungshan.org.tw

"此區人潮眾多，請留意個人隨身財物；周遭的二手古董
文物，務必小心鑑定真偽。寺中依然保有燃香燒金，
若眼睛容易不適，請記得攜帶眼鏡。"
—— 陳奕仁，仙草影像

3 實踐大學設計學院
College of Design @SCU //
地圖 Y • P.111

近20年來，實踐大學培養出不少設計和藝術界的人才。雖然這是一所私立學校，但其對設計創意教育的專注，吸引了許多個人風格強烈的老師和學生。位於大直的校園面積不大，著名的設計學院大樓就在南門入口。由姚仁喜負責建築設計，以清水混凝土和垂直線條鋁板形成的立面，在白天與夜間呈現出光與影的流動，是建築物最主要的特色。設計學院大樓由兩個三角形量體組成，形成45度對角線大道，室內空間的流動與開放也充滿趣味，提升了建築裡人與人之間的社交活動。高達三個樓層的內部中庭便連結了三個系所。

🏠 中山區大直街70號
📞 +886 2 2538 1111
🔗 www.scdesign.usc.edu.tw

"建築師透過開放式校門與大樓間相連的空橋，巧妙解決了校景、空間、動態設計的難題。在首度踏進校門的瞬間，我便已深受震撼。"
—— 何庭安

4 寶藏巖

Treasure Hill // 地圖 O • P.109

新店溪福和橋畔的小山坡上，走過一條隱密的巷道，就能進入這個見證城市發展史的獨特聚落。這裡原本有一座寺廟和日本統治時期留下的兵舍，在1960年代，眾多外省士兵和眷屬在寶藏巖違法興建了自己的住所，形成有數百居民的小村落。經歷過漫長的社會運動，寶藏巖在1990年代末逃脫被完全拆除的命運，許多藝術家在這裡進行創作計畫，最終在2010年成為台北國際藝術村的一部分。現在這裡有13間供駐村藝術家工作和生活的房間，也定期舉辦各類型展覽，晚上來此還可和藝術家一起在音樂酒吧談天。

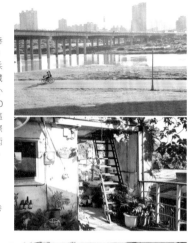

🕐 展覽空間 1100-2200（周二至周日），公共空間 1100-1800（周二至周日） 🏠 中正區汀州路三段230巷 📞 +886 2 2364 5313 🔗 www.artistvillage.org

📎 各商戶開放時間不同

> "就慢慢走，看這曲折的階梯將引你去哪一個秘境。是一堵半傾的頹牆、開闊河景、高速道路上的尾燈車河，或是近河邊的草原地？"
>
> —— 黃家賢，洋蔥設計

5 辜振甫先生紀念圖書館

Koo Chen-fu Memorial Library //
地圖 K • P.107

由日本建築師伊東豊雄設計的圖書館，位於台灣大學的復興南路側門，通透輕盈的建築外觀設計和一旁由各種橢圓形組成的綠地廣場，構成校園裡美麗的風景。一樓的開架式閱覽室有88支白色樹狀柱結構，形成130個形狀不一的天窗，在陽光充足的日子，特別有在樹林裡閱讀的感受。竹製的圓弧形書架使用由著名的台灣大學實驗林管理處研發的材質，與竹藝家劉文煌合作生產。除了這座社會科學院圖書館，1928年建校、前身是台北帝國大學的台灣大學校園也很適合散步，高聳的椰林大道是台大人共同的回憶。

🕐 0820-2100（周一至周五），0900-2200（逢周六），
0900-1700（逢周日）

🏠 大安區羅斯福路四段1號

📞 +886 2 3366 8300

🔗 web.lib.ntu.edu.tw/koolib

🖉 寒暑假期間的周日不開放。

"屋頂天窗讓自然光透入室內，使閱覽室營造出最接近
自然的閱讀氛圍。"
—— 賀仁瑋，Pistacchi Design

6　台北植物園
Taipei Botanical Garden // 地圖 A • P.102

想鬧中取靜，就到植物園散散步吧。佔地9公頃、種有2,000種以上植物的園區，其歷史最早可以追溯到1897年，當時日本轄下的台灣總督府在南海路設置的園藝栽培所。1920年，以培育熱帶植物為主的台北植物園正式成立。每到夏天，這裡著名的荷花池就是賞景休憩的熱門場所，不過在溫度合宜的冬天前來，也會發現植物園裡有不少市民。與植物園相鄰的是建成傳統建築式樣的國立歷史博物館和台北當代工藝設計分館。

🕐 0530-2200（周一至周日）
🏠 中正區南海路53號
📞 +886 2 2303 9978（內線 1420）
🔗 tpbg.tfri.gov.tw

"周邊環境容納了學區、行政中心、牯嶺街表演空間，許多二手傢俱店與文化餐廳等，休憩之餘亦可到附近找尋靈感。"
—— 李霽，質物霽畫

7 齊東街日式宿舍群
Qidong Street Japanese Houses //
地圖 F • P.105

從1895年到1945年，台灣曾被日本統治半個世紀，齊東街上完整保留的幾幢日本房舍讓人見證那段歷史。當時齊東街一帶被稱作幸町，日本人於此興建了官員和職員房舍，這些木造房舍至今仍維持完好，就連一些日本學者也覺得訝異。經過修復改善後，這幾幢房子現在對公眾開放。和洋混合風格的木頭房子就處在生長已久的綠樹之間。來此可以參觀齊東詩社、台北琴道館與台北書畫院，這些單位舉辦文化展覽、琴藝、茶道和插花等活動。

🏠 中正區齊東街53巷一帶
URL 齊東詩社 poeticleap.moc.gov.tw，
台北琴道館 www.taipeiqinhall.com

"參觀需脫鞋，記得穿襪子喔。"
—— 陳狐狸

8 象山親山步道
Elephant Mountain Hiking Trail //
地圖 M • P.108

台北101和信義計劃區的發展，形成了城市現代化的天際線，而觀賞台北最好的角度，其實就在離101大樓不遠的登山步道。從捷運象山站出來約走15分鐘就來到步道入口。象山山頂海拔僅183米，範圍不大卻擁有豐富的植物和昆蟲種類，在這可以遇見許多熱愛健身的城市居民。山頭的巨石是攝影愛好者最愛佔據的地點，可以觀看信義區大樓林立的景觀，特別是黃昏與夜晚時最為美麗。親山步道的坡度友善，一路行走可以從不同角度欣賞台北盆地。

🏠 信義區信義路五段中強公園150巷22弄至松山路永春崗公園

"這是拍攝台北101的最佳地點！假日人潮眾多，建議平日前往。"
—— Riin，女孩與機器人

9 迪化街
Dihua Street // 地圖 B • P.103

迪化街的歷史最早可以追溯到19世紀中期，直到今日，這裡都以聚集中藥材、南北貨、茶葉店舖聞名。這條街道的興盛，造就了台北老城區大稻埕的發展，在街上可以看到70幢歷史建築物以上，風格涵蓋閩南式樓房、19世紀末期的貿易公司洋樓，以及20世紀初期流行的仿巴洛克式漂亮立面。近年，由於文化創意零售業和古城再發展風氣興盛，迪化街再次成為人們矚目的焦點。除了拜訪老舖，國際民藝店舖、藝廊與咖啡室也陸續開幕。在迪化街，可以看到台北融合新與舊的面貌。

⌂ 大同區迪化街一段

> "商圈品種豐富，包括食衣住行，可在此購買食材回民宿或旅館烹調。附近更有大稻埕碼頭，夕陽風景美不勝收。"
> —— 陳冠凱

10 國家兩廳院

National Theater & Concert Hall //
地圖 A • P.103

分別為劇院和音樂廳的兩廳院，位於氣派宏大、用於紀念蔣介石的中正紀念堂前方。兩座大型中國北方宮殿式建築其實建於1980年代，是十足的現代結構，內部的演出場地和大廳也以西方標準建造。與過去一世紀落成的各種地標建築物一樣，兩廳院的建築也紀錄了一種特殊的文化情境。在金黃色琉璃瓦屋頂和筆直紅柱之間，是高水準的演出場地。來自台灣和世界各地的重要演出團體，都在這裡留下足跡。兩廳院之間的大廣場甚至會成為實況轉播室內演出的露天音樂會場地，平日則是街舞青年的練習場。

🏠 中正區中山南路 21-1 號
📞 +886 2 3393 9888
URL npac-ntch.org
🖊 網上購票：www.artsticket.com.tw

"傳統中式建築，古典氣派的東方外觀，內部卻是西式的鏡框舞台，是外國遊客到台灣必定造訪的地標之一。"
——— Baboo，莎士比亞的妹妹們的劇團

11 台北市立圖書館北投分館
Beitou Public Library //
地圖 R • P.110

這個外觀像大型度假木屋的圖書館建築座落在歷史悠久的北投公園內，旁邊是北投溫泉博物館。圖書館是一座綠色建築，大部分建材都是木頭，外牆以木隔柵為主，是為了降低熱輻射進入室內的設計，減少開空調的必要。屋頂是一個花園，可以回收雨水並再利用。整個圖書館平面是一個大三角形，以降低日光西曬的影響。圖書館燈光的用電則來自太陽能板發電。坐在這座綠色建築物裡閱讀，隨時可以經由大片窗戶欣賞外面的綠樹，讓眼睛休息一下。

🕐 0900-1700（周日及周一）、0830-2100（周二至周六）🏠 北投區光明路251號 ☎ +886 2 2897 7682 ✐ 每月第一個周四及公眾假期休館

"同樣位於新北投站的拾米屋（Sheme House）是個由穀倉改建而成的咖啡館！附近還有溫泉博物館、地熱谷等景點，可安排一晚北投的溫泉住宿行程。"
—— 這邊音樂那邊設計工作室

12 台北河濱自行車道
Taipei Riverside Bikeways //
地圖 AA • P.111

租一輛自行車，沿着河濱自行車道騎乘，感受一下這個自行車製造王國的悠閒生活方式吧。曾經，淡水河與基隆河這兩條貫穿城市的河流被市民嫌髒，經過多年整治，現在成為在台北騎車的最好路線。橘色YouBike是便捷的自行車租用系統，在各捷運站都能夠租借，從八號水門進入大佳河濱公園，就能夠在自行車道上邊騎車邊欣賞基隆河兩岸融合自然和城市的景觀。如果有更多時間，從市區沿着淡水河自行車道，還可以一路前往關渡自然保護區和著名的小吃與美景兼具的淡水小鎮。

🏠 中山區濱江街8號水門往淡水
🔗 www.riversidepark.taipei.gov.tw/BikePath

"車道離市區不是太遠，這裡可以看到很悠閒的台北生活。"
—— 葉士豪，Sense30

文化現場與藝術空間

先鋒展演、小巧藝廊和活化創意空間

與國際文化接軌的渴望，加上對所在土地的感動追尋，塑造了台北充滿活力的文化領域。從雲門舞集到別具一格的電影與音樂產業，台北是多元藝術與文化的孵育場。近年文化創意產業的蓬勃發展進一步模糊了藝術與設計的界線。從考驗策展人能力的大型展覽，例如台北市立美術館舉辦的台北雙年展，到小型沙龍，展覽與活動密度之高令人咋舌，在任何時間都能夠接觸到有意思的文化現場。

位於市中心極佳位置，由製酒工廠群改建的華山1914文創園區 24 是看藝術展的絕佳起點。鄰近是台北當代藝術館，由小學校舍改造的藝術空間，呈現新鮮藝術概念。同樣是由老舊空間活化的展覽場地，前身是菸草廠的松山文創園區裡，新銳設計師的產品在此爭奪目光。由小型團隊創建的藝文空間也充滿特色，例如朋丁 14 與透明公園 20，不斷與本地和來自全球的創作者合作，呈現從攝影到裝置藝術的精彩展覽。

陳亞琦
時裝設計師

2014年創立Human Cloning設計工作室，主力於戲劇服裝設計及影像美術設定策劃。個人工作則著手於品牌商品設計、造型設計、藝術創作及音樂錄影帶之藝術指導。

boven magazine library
P.032

Beitou Museum
P.035

Pon Ding
P.033

鄭曉嶸
插畫家

1986年生，畢業於國立台灣藝術大學，2012年開始成為自由插畫家。其插畫設計見於唱片封面及包裝、書封及內頁、雜誌、店內壁畫、時裝畫、時裝等。客戶包括歐萊雅（L'Oréal）及《娛樂周刊》（Entertainment Weekly）。

siu siu: Lab of Primitive Senses
P.036

葉偉榮
產品設計師

1983年生，於英國倫敦金斯頓大學畢業後，以獨立設計師的身份為國際品牌進行產品設計。於2012年底創辦設計工作室Esaila，與世界各地設計師合作，推出台灣製造的現代簡約產品。

周東彥
多媒體劇場設計師暨導演

英國中央聖馬丁藝術暨設計學院劇場與多媒體碩士。2013年以劇場作品《空的記憶》獲世界劇場設計展（World Stage Design）"最佳互動與新媒體"大獎。現為狠主流多媒體負責人。

The Red House
P.034

鄭章鉅
學學文創志業執行長

與太太育有兩個小孩，跟一群極有創意與向心力十足的同事共事。至於其他方面，不如到學學找他聊聊，看看他們做的事。

Xue Xue Institute
P.037

葉忠宜
平面設計師

2012年畢業於京都造型藝術大學研究所，2015年成立卵形OVAL設計工作室。除了引進並翻譯字體設計師小林章的數本著作，亦統籌華語圈第一本字體雜誌《Typography 字誌》。

transpark
P.040

兩個八月
設計工作室

不只提供設計，更提供生活經驗及哲學，提供一個因設計的存在而帶來生命與感動的氛圍。

周書毅
編舞家

藝術文化工作者，以身體、舞蹈、編舞、寫作、攝影來創作，長期關注環境生態與藝術文化之間的平衡。

Not Just
Library
P.038

Cloud Gate
Theater
P.041

曾志偉
自然洋行建築事務所創辦人

2002年成立自然洋行建築事務所。2008年在峇里島烏布成立生態建築實驗室。2014年在台北成立少少－原始感覺研究室。

SPOT Taipei
P.044

紙上行旅
插畫品牌

"生活是一趟沒有終點的旅程，我們都是彼此的風景。"紙上行旅是插畫品牌，也是一個自我的旅遊創作計劃，期待透過日常的吉光片羽創造不同的風景。

羅申駿
JL Design創辦人

JL Design是亞洲第一間為中東半島電視台提供整體視覺規劃與設計顧問的公司。工作室還為HBO亞洲、FOX Japan、迪士尼頻道（Disney Channel）及賓士汽車等提供品牌定位與視覺設計。

Suho Me-
morial Paper
Museum
P.042

Huashan 1914
Creative Park
P.045

13 Boven雜誌圖書館
boven magazine library // 地圖 H • P.106

由熱愛雜誌的Spencer創立、營運的雜誌圖書館，靈感源自常見的漫畫出租店。現在這裡已經成為雜誌愛好者的天堂。沿着樓梯走進地下室，15,000本以上的雜誌和mook藏書等待人們閱讀，類型涵蓋生活、時尚和休閒，其中包含300種以上固定更新的期刊。許多來自日本、香港等地的雜誌界重要人物來到Boven雜誌圖書館都表示非常羨慕。僅花新台幣300元，就可以在Boven待上一整天。身為雜誌迷的你，不要錯過和Spencer聊天的機會，喜歡分享的他，對於雜誌文化可是如數家珍。

🕐 1200-2200（周一至周日） 💲 NT$300/日
🏠 大安區復興南路一段107巷5弄18號B1
📞 +886 2 2778 7526
f boven437
🔗 會員可預約隔日座位，外出可保留座位一小時。

"這是許多獨立設計者的另一個工作室，是在自己的工作室待膩了時出外工作的好去處。"
—— 陳亞琦，humancloning

14 朋丁
Pon Ding // 地圖 D • P.104

2016年，陳依秋與葉偉榮在中山北路一個巷弄中開設了朋丁，這是一個集合了雜誌媒介、咖啡和當代藝術展示的空間。分別從事編輯出版與傢俱設計的兩人組合在空間裡與人分享自己的愛好。來自各國的時尚和生活設計雜誌及本地獨立出版品，與葉偉榮設計的物件在一樓店中展示。二樓與三樓的藝廊空間則展現朋丁源源不絕的創意。與台灣、日本和亞洲各地藝術家合作，每個月推出兩場以上展覽，讓人能夠經由平面、裝置與多媒體藝術接觸到藝術界，尤其是年輕創作者的飽滿活力。

🕚 1100-2000（周二至周日）
🏠 中山區中山北路一段53巷6號
📞 +886 2 25377281
URL pon-ding.com

"比起一般附有餐館的藝廊或美術館，朋丁的空間規劃
將食、閱讀與藝術以更加隨性、親密的方式
結合在一起。"
—— 鄭曉嶸

15 西門紅樓
The Red House // 地圖 A • P.102

1908年建成的西門紅樓由紅磚造八卦形與後方十字架平面的建築物構成，融合東方與西方文化的設計概念，出自日本建築師近藤十郎之手。近20年經歷了火災與古蹟保存等戲劇化過程，紅樓仍然佇立在年輕人潮流文化聖地西門町。在20世紀初期，紅樓是當時少見的現代化市場，後來有很長一段時間這裡是劇場與電影院，現在則成為文化創意市集的舉辦地。事實上，西門紅樓也是台北同志文化的地標，多家同志酒吧就開在建築所在的廣場旁。

🕐 1100-2130（周二至周四及周日），
　 1100-2200（周五及周六）
🏠 萬華區成都路10號
☎ +886 2 2311 9380
URL www.redhouse.org.tw

"紅樓後方是台北最密集的戶外酒吧廣場，更以其多元性別色彩聞名！要去clubbing的夜晚，就從紅樓輕鬆出發吧！"

—— 周東彥，狠主流多媒體

16 北投文物館
Beitou Museum // 地圖 S • P.110

北投以溫泉聞名，早在20世紀初期就有許多溫泉旅館聚集。北投文物館裡的展覽用多角度回顧北投豐富的歷史及其本身所在建築的修復過程。這幢兩層樓的木造建築前身是1921年建造的佳山旅館，當初是北投最高級的溫泉旅館，也曾作為日本軍官俱樂部。鋪著榻榻米的和室、枯山水和二樓可容納百人的"大廣間"，讓人看到日本文化的影響。這座古蹟自2002年起經歷5年整修，現在主要展示的重點是台灣早期民俗文物與原住民藝術。

🕐 1000-1800（周二至周日）
💲 NT$120/ 50
🏠 北投區幽雅路32號
URL www.beitoumuseum.org.tw
🖊 免費導覽 1100、1430（周六、周日及公眾假日）

"北投的樹木林地、空氣品質為台北之冠，對於厭倦市區污染空氣的遊客可以用半天的時間到北投泡湯，同時感受日本統治下的台灣特色。"
—— 李根在

17　少少 - 原始感覺研究室
siu siu: Lab of Primitive Senses //
地圖 W • P.111

在外雙溪半山腰上，常見的農業設施與網室系統
把這裡變成一個讓人可以近距離與自然共處的奇
妙空間。少少由備受注目的建築師曾志偉與自然
洋行建築事務所建立，建築空間與其所在的亞熱
帶樹林幾乎融為一體，旁邊還住着巫師、聲音療
養師，以及動物、昆蟲，在這裡可將自己浸入自
然環境工作或得到療癒。少少也是許多關於身心
靈活動的場地，例如 "CN Flower" 有關花與植
物的工作坊。若想前來記得先到網站洽詢，因少
少僅在活動舉辦時開放。

🏠 士林區至善路三段148號
☎ +886 2 2881 1809
URL www.siusiu.tw

"到少少前請先以電話或電郵預約。"
—— 葉偉榮，Esaila

18 學學文創
Xue Xue Institute // 地圖 AB • P.111

內湖科學園區大樓林立，聚集眾多高科技和網路公司，當中有一所特別的"學校"，專門為上班族提供文化創意相關課程。佔據一整幢大樓的學學文創在2005年成立，講師多來自創意產業各領域的高手，台北PechaKucha Night也在這裡舉辦過30次以上，若想近距離接觸本地創意人和設計師，來參加學學每周的豐富活動準沒錯。

許多重要的設計和藝術展也在學學六樓和七樓的展覽空間舉辦。來上課或看展時肚子餓了沒問題，學農Food飯廳以本地農產品和特色料理為焦點，讓人嚐到有創意的純正台灣味道。

🕐 展覽空間 1100-1800（周一至周五），學農Food 1030-2030
💲 展覽 NT$200
🏠 內湖區堤頂大道二段207號
📞 +886 2 8751 6898
🌐 www.xuexue.tw

> "上課可以提早來，特別是夏天，
> 在下午六時半可以看到基隆河夕陽。"
> —— 鄭章鉅，學學文創

19 不只是圖書館

Not Just Library // 地圖 L • P.108

不只是圖書館特別為設計師和創意人打造，是台灣首家專門收藏設計專業書籍的圖書館。空間由建築師姚政仲負責設計，曾是製菸工廠建築物二樓的寬敞格局和大面積老窗戶被保留下來，黑色金屬框架組成的書架放了20,000本藏書和來自世界各地的設計雜誌。這裡不只是一間圖書館，裡面還有一個"3x3"空間，經常舉行年輕設計師與藝術家展覽。在周末前來，還可以參加不只是圖書館與各領域有趣單位舉辦的講座和工作坊。如果還沒過癮，松山文創園區還有很多創意展覽可逛。

🕐 1000-1800 (周二至周日)
💲 NT$50/ 30/ 日
🏠 信義區光復南路133號2樓
📞 +886 2 2745 8199
🔗 www.boco.com.tw/notjust

"這裡可以説是台北設計人的閱讀小天地，在這一區耗上一整天也不是問題。"
—— 葉忠宜，卵形OVAL

20 透明公園

transpark // 地圖 I • P.107

　　"民生社區"被公認為城市中最適宜生活的區域，在1970年代以歐美都市為藍圖，規劃為有許多住宅和公園的社區。而富錦街近年更有許多時髦店舖、咖啡室和設計師工作室進駐。透明公園於2015年出現在一個連排公寓的邊角一層，雖然名叫公園，但其實是一個展覽活動空間。大面積的玻璃和完全是白牆的空間設計為這裡舉辦的攝影和裝置藝術展覽提供了理想場所。透明公園的創辦者本身從事動態影像領域工作，因許多朋友有展覽和活動需求，便決定在這個綠樹環繞的寧靜地點創造可以靈活運用的空間。

🕐 1230-2030（周二至周日）
🏠 松山區民生東路四段131巷15號
f transpark.tp

"這裡不定期舉辦繪畫、講座、戲劇等的展演，
可以讓旅程得到短暫的寧靜。"
—— 兩個八月

21 雲門劇場
Cloud Gate Theater // 地圖 Q • P.110

由林懷民於1973年創辦的雲門舞集，融合現代舞和東方文化精髓，是享譽國際的舞蹈團體。2014年，由建築師黃聲遠和田中央建築團隊設計的雲門劇場，在能夠眺望淡水河出海口的中央廣播電台舊址上完成。流線體建築物不只是雲門舞集和雲門2的創作基地，有450個座席的大劇場和兩個小劇場，也提供給來自各地的表演團隊演出。大量樹木種植在新舊建築物之間的草坪上，在那裡也可以看到一個被大火燒過的貨櫃屋，用以紀念2008年在火災中付之一炬的原雲門舞集排練場。

🏠 新北市淡水區中正路一段6巷36號
📞 +886 2 2629 8558
🔗 www.cloudgate.org.tw

"一個看山、看海、看表演的劇場，無論午後或夜晚，都是很獨特的經驗。附近還有許多西班牙殖民時期留下的建築古蹟，可以深深感受到台灣過去的歷史風景。"
—— 周書毅

22 樹火紀念紙博物館
Suho Memorial Paper Museum //
地圖 E • P.104

樹火紀念紙博物館的四層樓建築物由台北到處可見的狹長型街屋改造而成。博物館於1995年成立，為了紀念終身致力於手工造紙的陳樹火夫婦。這裡絕對是愛紙人的天堂，一樓的商店有各式各樣的紙張和紙創意品供人選擇，而樓上的展示空間則有互動性十足，介紹各種生活用紙和手工造紙的常設展，也有與來自各方的創意單位合辦有意思的紙本文化展覽與活動。紙博物館每天都有讓人可以親手造紙的DIY工作坊，無論是小孩或成人，都能在這裡享受到用自然材料製作紙張的樂趣。

🕐 0930-1630（周一至周六），
一樓賣店0930-1700（周一至周六）
💲 NT$100
🏠 中山區長安東路二段68號
📞 +886 2 2507 5535
🌐 www.suhopaper.org.tw
🔗 造紙時間 1000/ 1100/ 1400/ 1500，
1成人加1小孩含參觀及DIY造紙活動門票NT$300，
單人門票NT$180。

"建議參觀前先上網站查查當期展覽。"
—— 曾志偉，自然洋行建築事務所

23 光點台北
SPOT Taipei // 地圖 D • P.104

又稱 "台北之家"。這幢兩層樓的白色洋房曾是美國駐台北領事館，圓拱迴廊和陽台的建築風格類似美國南方的殖民式樣。很難想像如此美麗的房子曾有18年被荒廢，直到1997年被列為古蹟，經修復改造後，交由導演侯孝賢擔任理事長的台灣電影文化協會經營。一樓的電影院原本是領事館的車庫和發電機房，接待室則改成咖啡室。常有電影導演在光點台北舉辦座談會，讓人輕鬆接觸台灣的電影文化。

🕐 光點珈琲時光 1000-2200（周日至周四），1000-0000（周五及周六）；光點生活 1030-2200（周日至周四），1000-2230（周五及周六）
🏠 中山區中山北路二段18號
📞 +886 2 2511 7786
🔗 www.spot.org.tw
🔖 電影門票請到光點一樓售票服務台購買，價格 NT$260/ 240/ 200。

" 光點台北有着特別的歷史背景，除了特殊的建築外觀，更能讓人體會當下的時空交錯。"
—— 紙上行旅

24 華山1914文創園區

Huashan 1914 Creative Park //
地圖 F • P.105

1914年，日本統治時期的台北成立了芳釀社，生產清酒的廠房是台灣當時最大的製酒工廠之一。其後這裡依舊是重要的米酒和水果酒工廠，直到1987年為止。20世紀末，由劇場團體進駐廢棄的工廠演出開始，華山酒廠的紅磚建築和園區經過多個階段，逐漸發展成今天舉辦各類藝文活動的場所，也聚集了許多餐廳和商舖。找一個周日來華山，就能知道台北人有多麼熱愛參與藝文活動，許多重要的創意展覽都以這裡為舉辦地，園區北側的大草坪更是假日時城市野餐的絕佳地點。

🕐 開放時間根據個別展覽空間及商戶而定
🏠 中正區八德路一段1號
📞 +886 2 2358 1914
🔗 www.huashan1914.com

"你可於草地上午餐，或到園區中的好樣思維餐廳，享受法式融合菜的美味。"
—— 羅申駿，JL Design

市集與商舖

傳統雜貨、本地品牌和嚴選生活精品

一股強大的店舖創業潮流近年席捲了台北的巷弄。對於理想
生活的追求是各獨立店舖的共同主題，但可以放心，他們之
間的相似之處僅此而已。在台北，你可以找到與國際品味同
步的生活選品店，店主們憑藉敏銳眼光，從世界各地尋得設
計品與生活器具，有些更尋求與本地手工藝者與傳統工業合
作，開發自創產品。在歷史街區大稻埕的茶葉、藥材行老
舖之間，可以看到新穎店舖，例如民藝埕與A Design & Life
Project。合理的店租與便捷交通，讓精彩的店舖能夠在老公
寓一樓落腳。好樣VVG散佈在東區的幾間不同內容的店舖也
值得探訪。而富錦街這條舒適的街道聚集了數十間時尚與選
品店舖，很適合邊散步邊購物。台北的周末市集的焦點是農
夫與創作者，在每周日舉辦的好丘簡單市集 28，可以一次接
觸到來自台灣各地的手作創作人與248農學市集邀請的本地
農業生產者。

張傑
攝影師

就讀於實踐大學媒體傳達設計研究所系，使用相機創作六年，作品常對於人的存在與社會的交互作用下會產生什麼樣的新生命軌跡提出疑問。

Chenjingkai Office
P.052

王艾莉
產品設計師

有着英國皇家藝術學院互動設計碩士，以及英國倫敦中央聖馬丁藝術與設計學院產品設計學士的背景，現主理Alice Wang Design，作品均圍繞現代人各種荒誕的生活習慣。

談心
服裝設計師

於2014年成立自己的時裝品牌tan tan。

Delicate Antique
P.050

The Town Crier
P.053

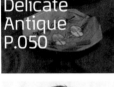

王慶富
品墨良行執行長暨美術監督

於2009年創立品墨良行，喜歡晒太陽，作品大多從對生活的感受及想法中提取靈感。曾任台灣科技大學工商業設計系講師級專家，現任輔仁大學應用美術系兼任講師。

Eslite Spectrum Songyan
P.056

汪麗琴
VVG 好樣集團執行長

因為喜歡布料而進入寢具織品業，並於2002年加入好樣餐廳，將生活和旅行經驗融入經營理念，把VVG 好樣打造成lifestyle village。其中VVG Something 好樣本事曾獲選為全球最美20間書店之一。

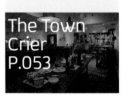

Finger and Toe
多媒體創意工作室

蘇聖揚及林筱敏自2011年起合作創作很多實驗性動畫影片。他們一人是影像導演，一人是平面設計師及插畫家，未來希望能多擔任導演及編劇，從故事出發，做出更多令人感動的作品。

Good Cho's
P.054

Fuhe Bridge Flea Market
P.058

鄞燦昱
字體及平面設計師

以字體為動力的平面設計流浪者。

Echo Store
P.060

justfont
字體設計工作室

justfont是一間字型公司，推出了繁體中文的jf金萱字型家族（jf Jing-Shuan Font Family），亦持續不懈地推動台灣社會對於字體相關知識的理解與喜好。

貓王不討喜
設計品牌

由DJ林貓王（Elvis）與插畫家不討喜（May）組成，將各自擅長的音樂與插畫結合。既有自有品牌的商品，也與許多企業品牌合作插畫與設計專案。

Ri Xing Type Foundry
P.059

White Wabbit Records
P.062

安郁茜
建築師

建築師、設計師，實踐大學設計學院前院長。

Yongle Fabric Market
P.064

張哲榕
影像藝術家

曾獲美國IPA國家精選獎金牌、法國PX3金牌，入選高雄獎，其作品獲日本清里寫真美術館永久收藏。日本寫真評論教父評論其系列作《無瑕的愛》是"比日本人還要宅的作品"。

男子休日委員會
攝影及出版工作室

生活旅行創作團體，由dato、黃奕凱與Azona組成。以"你的生活是我遠道而來的風景"為創作主軸，出版過《左京都男子休日》及《北海道央男子休日》二書。

Nanmen Market
P.063

Jianguo Week-end Flower Market
P.065

25 Delicate Antique
地圖 K • P.107

距離六張犁捷運站不遠的巷弄內，由老舊倉庫改造而成的古道具是一家備受注目的居家裝飾品店。店老闆Jin曾長年在音樂界工作，27歲時到日本住了一段時間，找尋到許多自己熱愛的舊傢俱和裝飾擺設，在網上販售並大獲成功，更擁有許多名人客戶，遂於2013年開設了Delicate Antique。從日本舊古董到連歐洲都不常見的工藝品，Jin從未停下對美麗物件的尋求，他的出眾品味還激發了許多台北人的居家靈感。這間以推薦"平易近人的藝術品"為核心的店，也吸引了更多店舖進駐到這個原本以公寓為主的社區。

🕐 1200-2000（周一至周日）
🏠 大安區嘉興街346號
📞 +886 2 8732 5321
f delicateantique

"這裡不定時會有與藝術家合作的展覽，到的時候不妨請店員好好介紹一下！如果沒有展覽，請店員說說每件物品的故事也足夠。"
—— 張傑

26 陳敬凱工作室
Chenjingkai Office // 地圖 J • P.107

由設計師陳敬凱成立的鞋店，藏身在安靜的巷弄公寓一樓。簡潔的空間中，是他花了數年時間設計、累積出來的一套客製化皮鞋系統。牆上掛着各種皮革，玻璃櫃裡整齊有序地擺着幾款鞋型、鞋底和鞋帶等，讓顧客能夠清楚地依照喜好，經六個步驟訂製屬於自己的皮鞋。而訂單交由製鞋師傅製作則約需兩個月時間。台灣曾是全球製鞋的重要基地，而陳敬凱想做的是讓傳統製鞋產業有新的發展機會，讓年輕男士也可以在這裡尋找到款式經典又符合現代生活需要的皮鞋。

🕓 1600-2000（周二至周日）
🏠 大安區通安街134號
📞 +886 9 8373 3838
📘 ChenJingkai

"台灣的訂製手工皮鞋品牌，手工版型及質料都是上等，值得收藏！"
—— 談心，tan tan

27 The Town Crier
地圖 H • P.106

The Town Crier偌大的店舖裡，以各種古董木櫃陳列來自世界各地的生活用具和保養品，風格乍看和歐美流行的general store買手店沒什麼不同，但只要你願意開口詢問，就會發現這間店具備台灣特有的熱情和講求實用的個性。店老闆Luke曾在零售業工作多年，開設此店後，以挖掘各地專注於生產優良日用品的廠商為己任，引進許多很少人聽過的品牌。Luke熟悉每樣商品背後生產團隊的故事和如何妥善使用該商品，經常聊到忘了時間。店名源自英國的 "訊息傳播者"，在這裡你一定收穫良多。

🕐 1400-2100（周三至周一）
🏠 大安區四維路76巷7號1樓
☎ +886 2 2707 0020
f theTOWNCRIERstore

"如果你喜歡工業風儲物箱、刷子及搪瓷廚具，
這便是你要找的店。"
—— 王艾莉，Alice Wang Design

053

28 好丘
Good Cho's // 地圖 J • P.107

在信義區高聳入雲的摩天大樓和錯綜複雜的民居
之間，好丘提供一個在市中心放鬆身心的場所。
好丘所在的四四南村曾是半個世紀前台北最早的
眷村之一，經過老房子保育和公共空間再造，現
在是文藝青年和本地家庭慕名前來享用其著名貝
果和購買台灣特色食品的好去處。園區裡重現
老房舍斜屋頂形象的小山坡，斜躺在上面非常愜
意。好丘每周日與每月雙周六都會舉辦簡單市
集，聚集來自台灣各地的創作品牌和食物，並有
現場音樂演出。

🕐 1000-2000 (周一至周五)，0900-1830 (周六及周日)
🏠 信義區松勤街54號
📞 +886 2 2758 2609
f goodchos　URL www.goodchos.com.tw
🔗 每月第一個周一休息

"好丘經常辦市集，態度很認真，可以看到很多創作人、
手作職人的作品在這裡出現。也有不少小小的展覽
可以看。"
—— 王慶富，品墨良行

29 誠品生活松菸店

Eslite Spectrum Songyan Store //
地圖 L • P.108

1990年代起，誠品書店成為台北文化的主要推手，24小時營業的敦南店是台北的文化地標，而2013年在松山文創園區開設的誠品生活，則在書店之外，集合了生活、時尚、美食和藝術電影院，甚至還有旅館。誠品生活松菸店所在的台北文創大樓由日本建築師伊東豐雄設計，一旁是綠植生態池及由菸草工廠改建的展覽空間。眾多知名餐飲店和咖啡室外總有不少人排隊，一樓商場呈現了台灣知名和新銳設計師的服飾作品。這是一間讓人能夠在書架之間找到創新設計伴手禮和生活商品的商場。誠品總在舉辦精彩的藝文展覽，是拜訪台北最好的起點。

🕐 1100-2200（周一至周日）
🏠 信義區菸廠路88號
📞 +886 2 6636 5888
URL artevent.eslite.com

"目前台北比較有趣的商舖應該集中在松菸誠品，可以見到各式各樣精挑細選的台灣優質創客作品。"
—— 汪麗琴，VVG GROUP

30 福和橋跳蚤市場

Fuhe Bridge Flea Market //
地圖 P • P.109

歷史悠久的華語唱片、不知名畫家的畫作、古董家居用品和玩具、便宜但依然新奇的數位產品……都是人們在福和橋跳蚤市場獵物的目標。由於這裡是台北少見的跳蚤市場，故攤主們總會把壓箱寶擺出來。如果看到有興趣的物品千萬不要猶豫，因為來此淘寶的人不在少數。早起前來也是重點，這裡六點就開始有人擺攤，到接近中午時很多搶手物品都已經被人買走。

🕐 0630-1200（周六及周日）
🏠 新北市永和區福和橋

"特別的大市集，裡面除了跳蚤市場，還有傳統市場。"
—— Finger and Toe

31 日星鑄字行
Ri Xing Type Foundry // 地圖 D • P.104

這間馳名亞洲的活版印刷鑄字行從1969年開始營業，現為台灣僅存的鉛字產房，是漢字文化的重要據點，保存了世界上最完整的正楷、宋體、黑體鉛字銅模，以及珍貴的鑄字機具。銅模多達15萬枚，保存實屬不易，老闆張先生和義工們在店裡不斷修復字模，同時為滿足顧客的印刷需求在"字海"裡撿字，以及進行保存活版印刷文化的有意義工作。日星鑄字行還研發了許多有意思的小商品，像是活版印刷體驗盒與鉛字小印章，讓人可在到訪後留下繼續把玩的回憶。

🕐 0900-1200, 1330-1800（周一至周五）、
0930-1200, 1330-1700（周六）
🏠 大同區太原路97巷13號
📞 +886 2 2556 4626
📘 rixingtypefoundry

"活生生的正體中文活版印刷歷史。"
—— 鄞燦昱

059

32 漢聲巷
Echo Store // 地圖 L • P.108

穿過充滿中國園林特色的葫蘆門洞，就能進入漢聲出版社的店舖，門外的"一柱銅筆"出自雕刻大師朱銘之手。1971年，吳美雲和黃永松創辦了漢聲，編輯群踏遍兩岸，記錄了珍貴的傳統民藝和繪畫，出版物的美術和設計也令人驚嘆。漢聲為兒童出版的傳說童話和百科系列啟發了很多年輕世代。藏在巷子裡的漢聲，牆上的傳統年畫和書架裡的豐富出版品，讓人可以一次看到出版社累積40年的文化寶藏，也是帶着孩子前來接觸博大精深中華文化的好地方。

🕐 1300-2000（周一至周五），1100-2000（周六）
🏠 八德路四段72巷16弄1號1樓
📞 +886 2 2763 1452（內線 100-102）
🔗 www.hanshenggifts.com

"台灣相當具指標意義的出版社，全盛時期在 80 年代，曾影響一代學童成長的《漢聲小百科》就在這裡誕生。"
—— justfont

33 小白兔唱片行
White Wabbit Records // 地圖 G • P.105

在小白兔唱片行裡，可以發現在音樂全面數碼化的現在，台北仍然有很多年輕人掏錢購買實體專輯，也有不少來自亞洲和歐美的顧客專程前來師大旁這家唱片行尋找少見的獨立音樂作品。小白兔唱片行由阿飛西雅樂團的貝斯手KK於2002年創立，除了經營唱片行，也是一個重要的獨立音樂廠牌，邀請世界各地的獨立樂團到台灣演出。這家有重要地位的唱片行面積不大，卻很整齊地將CD和黑膠唱片陳列起來。喜歡Post-rock與Alt-rock的樂迷來此必定滿載而歸，也別錯過店員主推的新專輯。

🕐 1400-2200（周一至周日）
🏠 大安區浦城街21巷1-1號
📞 +886 2 2369 7915
URL www.wwr.com.tw

"唱片皆可試聽，並有專業的店員陪你挖掘新聲音。臨近師大夜市，可順道晃晃周邊街區。"
── 貓王不討喜

34 南門市場
Nanmen Market // 地圖 A • P.103

這個位於大樓裡的傳統市場已經有90年歷史，在20世紀前半的日本統治時期是台北的蔬果集散中心。1980年代改建後，這裡成為匯集南北雜貨和熟食的知名市場，講究吃食品質的市民總會定期來南門市場採買。這裡最知名的是福州口味的粽子和各種熟食，來自各地的"南北雜貨"和調料也是一絕。每到農曆年前，市場便聚集大量採買年貨的人群。即使對中式菜餚不太了解的人，在南門市場也能輕易嚐到色香味俱全的熟食和濃濃的攤販人情味，了解台北人的飲食文化。

🕐 地下濕貨市場 0700-1900，1樓熟食及南北貨 0700-1900，2樓百貨 1000-2200，2樓食品 1100-2200
🏠 中正區羅斯福路一段8號
📞 +886 2 2321 8069
URL www.nanmenmarket.org.tw

"大部分店舖售賣福州口味食品，也混合了江浙口味。從早年起就是一個講究的市場，光是看火腿、熟食這些就挑不完，擺放也漂亮得不得了。"
—— 安郁茜

35 永樂布業市場

Yongle Fabric Market // 地圖 B • P.103

在1945年以前，永樂市場就已經是進口日本印花布料的批發市場，直到今天，這裡仍是人們採買各式布料的最佳去處。在迪化街許多經典美麗的建築立面之間，永樂市場位於一幢市政府興建的大樓裡，整整兩層樓都是讓人挑不完的布料。花布式樣繁多，從傳統花布圖案到日本可愛卡通人物都有。市場裡有許多大型批發商，但友善的阿姨和阿公們會以同樣的熱情招呼來此尋布的人。古色古香的迪化街郵局就在市場旁邊，所以即使買了許多布料也可以方便運送。

🕐 1000-1800（周一至周六）
🏠 大同區迪化街一段21號

"喜歡欣賞日落的朋友也可到鄰近的大稻埕碼頭欣賞。"
—— 張哲榕

36 建國假日花市
Jianguo Weekend Flower Market //
地圖 C • P.103

每到假日，這個著名的花市都會聚滿前來買植物與花卉的人潮。雖然市場藏在大安森林公園東面的高架橋下，看起來不大起眼，但足足有半公里長的花卉市場卻聚集了200個以上的展售攤位。數不清種類的蘭花、各式盆栽、竹子與鮮花都能在這裡買到，友善的攤商還會給予照料植物的建議。品種豐富的種子、肥料與園藝器具在建國花市也一應俱全，在此販售的店家大部分都是本地生產者，因此價格相當實惠。

🕘 0900-1800（周六及周日）
🏠 大安區建國南路一段
📞 +886 2 2702 6493
🔗 www.fafa.org.tw

"請提早出門以免撲空。"
—— 男子休日委員會

餐廳與咖啡室

幽恬咖啡空間、惹味小吃和創意精緻料理

台北是真正的美食天堂，僅需一碗台幣30元的滷肉飯或是麵線，你就能真正領會到吃在這個城市被重視的程度。看似簡單卻融合各方特色的料理不僅存在於選擇豐富多樣的街邊小吃裡，也在與國際烹調思維同步的前衛餐廳裡，廚師們絞盡腦汁把本地特色融入餐飲中。如果想在半天時間內領略台北豐富的味覺享受，那就前往永康街吧。在北口是鼎泰豐本店，小籠包之外還有美味炒飯；接着轉進永康牛肉麵，嚐嚐這種風行全台灣的麵點。晚餐時段，永康街南端的大隱酒食與小隱私廚 48 融合了精緻台式家常料理與日本居酒屋氣氛。永康街上有數不清的小吃與傳統甜品店，一旁巷子裡還有眾多著名茶室與咖啡室。說到咖啡室，在台北幾乎每個轉角都能見到一間，如果想享受高水準的咖啡並融入本地創意人圈子，Rufous 44 與Fika Fika Cafe是最好的選擇。

霧室
平面設計工作室

一間有小陽台的設計工作室。成員喜歡穿梭在巷弄跟山林之間，也喜歡聆聽這個城市早晨及人們的聲音。

Xiaoman Tea Experience
P.072

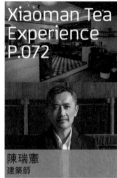

陳瑞憲
建築師

十月設計（Ray Chen International）創辦人，參與多家誠品書店，台北Hotel Quote及中華航空波音777-300ER客艙的設計。

鄒駿昇
視覺藝術家

2009年於英國皇家藝術學院視覺藝術系碩士畢業。曾獲波隆那國際插畫大獎（International Award for Illustration）與美國3x3國際當代插畫大獎首獎（Best of Show）。

Shi Yang
P.070

RAW
P.074

謝昕妮
視覺藝術家

利用攝影、設計、插畫、動畫、動態影像來呈現藝術創作。以漸層色、超現實與女體等圖形化元素建構二維世界，霓虹般的色彩，就像在永恆陽光的熱帶城市裡集體居住著無意識的人們。

Xiang Se
P.077

杜祖業
GQ Taiwan總編輯

生活風格媒體人。講究生活質感，熱愛設計美學，為台灣讀者孜孜不倦地引進各種摩登觀點與人事地物。正為了享受美好的老年生活努力提升自己。

When Chen
視覺設計師

從事演唱會視覺設計及VJ（Visual Jocky）。曾跟隨蘇打綠樂團世界巡迴三年。熱愛收藏老物、玩具，演奏吉他，自娛娛人。有着70年代靈魂的慢活者。

About Animals
P.076

Le Park Cafe
P.078

聶永真
平面設計師

負責不少華語流行唱片及書籍設計，國際平面設計聯盟（AGI）會員。近年作品包括為 "金馬五〇"、"CITY CAFE" 及2016年蔡英文競選等做視覺識別。

Rufous Coffee
P.080

胡至宜
發行人

PPAPER International創辦人，出版雜誌《PPAPER》、《PPAPER Business》、《PPAPER FASHION》、《PPAPER MAN》、《AANGEL》和《SHOP》，以設計角度出發探討生活。

黃威融
創意總監

曾經是廣告人，寫過暢銷書，曾任《Shopping Design》和《小日子》的創刊總編輯，現在是自由接案的創意顧問。

Solar Kitchen
P.079

Tsu Sheng Temple Food Stalls
P.082

姚仲涵
跨媒介藝術家

大學講師、聲光裝置藝術家及電子音樂創作者。日間工作集合教育、創作與設計，夜晚的身體擺盪在噪音與舞曲之間。

Wistaria Tea House
P.084

22 Design Studio
產品設計工作室

游聲堯及鄭伊婷是夫妻，擁有一個美妙的女兒。22歲的時候兩人一起創立了22 Design Studio，專注於使用水泥製作隨身精品，產品橫跨鐘錶、珠寶及書寫工具。

鄭宗龍
編舞家

雲門2藝術總監。

Hsiao's Wonton
P.083

James Kitchen
P.085

37 食養山房
Shi Yang // 地圖 X • P.111

前往食養山房需要可靠的GPS才不會迷失方向。
這間藏在山林裡的餐廳,從抵達到用餐過程均是
令人印象深刻的體驗。空間裝修與餐具選用透露
著食養山房對東方美學的貫徹,能看透山景的透
明玻璃窗與舒適的榻榻米,每個細節都有禪意。
廚師們擅長用當季食材創作,例如山裡的植物與
從基隆港剛打撈上岸的海鮮,料理融合中式與日
式精髓。菜單在這裡不存在,每個人都能嚐到約
10道菜與小品的套餐,通常包括宛如視覺饗宴
的百菇蓮花雞湯。

🕐 午餐 1200-1500、晚餐 1800-2100(周二至周日)
💲 NT$1,250/ 位
🏠 新北市汐止區汐萬路三段350巷5號與7號
📞 +886 2 2646 2266
URL www.shi-yang.com
✐ 平日須至少一周前訂座,假日須一個半月前訂座。

"如在夏季前往,每逢五月是汐止五指山上的油桐花季,
除了能欣賞如雪般飄落的油桐花,晚上用餐後山房的
員工還會帶客人到後山看螢火蟲,充滿驚喜。"
—— 霧室

38 小慢
Xiaoman Tea Experience // 地圖 G • P.105

謝小曼的茶空間藏身在安靜的巷弄裡，門口的
自然綠植和巧妙的空間設計讓人覺得來到自在
的小天地。無論是一人或幾個朋友來，都能在
小慢享受到"功夫茶"的美妙，並嚐到當季茶
點。謝小曼推廣的台灣式茶道比起日本茶道顯
得更輕鬆，而茶葉的選擇很多，包括著名的高
山烏龍茶、東方美人和淡雅的甘露白茶。小慢
也經常與日本茶人、陶藝家和花藝家合作舉辦
活動。在這裡，喝茶是一種體驗，店名不僅是
店主的名字，也為鼓勵來這裡的人把步調"慢"
下來，以緩慢的速度品茶，感受生活的氣息。

🕙 1000-1800（周二至周日）
🏠 大安區泰順街16巷39號
📞 +886 2 2365 0017
 xiaoman.tea

"在這裡可以感受到早年的台灣氛圍，就是更接近的人
與人的關係。"
—— 陳瑞憲，Ray Chen International

39 RAW
地圖 Z • P.111

名廚江振誠重返家鄉開餐廳的力作，從2014年底創立至今，始終一位難求。RAW的開放廚房就像是一個實驗室，站在國際餐飲浪潮的最前方，將全球在地化精神貫徹到底。產自本地的新鮮食材是重中之重，主廚們從24節氣得出靈感，創作一道道令視覺與味覺同感新奇的菜餚。許多平時被忽視的傳統味道，經由江振誠對於台灣記憶的追尋與融入西式烹調技巧，搖身一變成

為餐桌上的話題。依循bistronomy思想，由荷蘭建築師Camiel Wenjenberg設計的餐廳空間充滿亮點，讓人可以放下一切束縛，與好友一起享受餐點和自然葡萄酒。

🕐 1130-1430，1800-2200（周三至周日）
🏠 中山區樂群三路301號　📞 +886 2 8501 5800
🌐 www.raw.com.tw　🔗 須網上訂座

"RAW把台灣及法國菜和諧融合。主菜之外，其法式黑麥麵包及特調飲品也不可錯過。"
—— 鄒駿昇

40 動物誌
About Animals // 地圖 P • P.109

位於捷運萬隆站附近巷內的小型輕食店，似乎只是另一家以藝文風吸引人的小店，看菜單時才發現這裡的不一樣。動物誌是一個推廣"動物權"並關注各類社會議題的素食餐廳和活動場地，創辦人林邪和盧尚妤在店內推出受到好評的漢堡，用豆腐、馬鈴薯等製成"卡滋"素排，配合獨家的芥末美乃滋和烤麵包，份量十足。動物誌提倡vegan生活方式，餐點製作和原料使用都強調對環境負責。採用本地保育生態米的豆腐蓋飯值得一試，別忘了再點幾瓶店內選擇眾多的進口啤酒。

🕐 1500-2200（周二至周四），
1100-2230（周五至周一）
🏠 文山區景隆街1巷9號
📞 +886 2 2935 3633
📘 aboutanimalsszr
🔗 只收現金

"芥末卡滋堡是我的愛，周一堡類有八折優惠。"
—— 謝昕妮

41 香色
Xiang Se // 地圖 A • P.103

這間成立不久就聲名大噪的餐廳，位於一所老舊公寓的一樓，低調的大門就藏在公寓梯廳旁邊。進入香色的院子，會覺得自己瞬間移動到了南歐鄉村，昏暗燈光與老舊傢俱，塑造出這個歐洲小酒館風格餐廳的獨特氣氛；公寓院子裡的露天桌椅與蠟燭給一頓悠閒晚餐設定了基調。香色以台灣食材做出絕妙的西餐，紹興火腿被做成歐式拼盤，用地瓜做成的麵疙瘩搭配牛肉也很獨特。主廚花了一年時間研發的黑磚可麗露則是招牌甜點。香色的用餐氣氛迷人，很適合與好友們在下午或夜晚前來舒適地享受。

🕐 1800-2200（周三及周四）；1130-1500，1800-2200（周五及周六），1130-2200（逢周日）
🏠 中正區湖口街1-2號1樓 📞 +886 2 2358 1819
f xiangse 🔗 只招待九歲或以上人士

"靜謐的老公寓遇上南法農舍，很棒的下午茶場地。"
—— 杜祖業，GQ Taiwan

42 公園咖啡館
Le Park Cafe // 地圖 E • P.104

由小兒科診所改造的意式咖啡室，深色木頭裝修與許多古老的燈具、陳設品，營造老式優雅年代的氣氛，讓人想像不到這裡才開了10年。店老闆小溫還相當年輕，大學畢業後就開了咖啡室，經過一番尋覓才找到這幢兩層樓老房子。二樓木窗的毛玻璃是房子原有，現在已經找不著新的；而咖啡室卡座與吧台則由老遠從台南請來的傳統木工團隊以雙手打造。公園咖啡館採用Caffe Trombetta豆子，並研製出獨家飲品——脆皮焦糖卡布奇諾，是絕對要嚐嚐的特色之作。

🕐 1300-2300（周三至周一）
🏠 中山區遼寧街146號
📞 +886 2 2719 8880
f Le Park Cafe
❱ 只收現金

"喜歡老屋建築、老式傢俱，香蕉蛋糕、冰淇淋蘋果派。"
—— When Chen

43 日光大道富錦廚房

Solar Kitchen // 地圖 I • P.107

位於充滿生活氣息的富錦街上，日光大道是一個強調健康無添加飲食習慣的大型歐式料理餐廳。餐廳牆面由600個回收木頭貨連棧板拼裝而成，年輕藝術家的繪畫作品點綴其中，環保和藝術形成了日光大道的獨特氣氛。餐廳以一年四季為分野，每一季都會推出新的餐點，以吃在地食材、享受當季口味為概念。餐廳受歡迎的經典沙拉就是用本地小農生產的當令食材，讓人既能嘗到新鮮蔬果，也能看到生產商資訊。每周六，日光大道門口還有248農學市集，可以買到有機蔬菜和很棒的調味料。

🕐 1130-2130（周四至周二）
🏠 松山區富錦街421號
📞 +886 2 2767 6211
f SolarKitchen.tw
URL shop.solarkitchen.tw

"價格略高但值得一試，除了鹹餐點以外，
該店的麵包與甜點也很出色。"
—— 聶永真

44 Rufous Coffee
地圖 K • P.107

從2007年開業以來，Rufous就以充滿研究精神的自家烘焙咖啡，在咖啡愛好者心中佔有特殊地位。創店初期，店主小楊就將店裡Rufous Blend咖啡豆送往 Coffe Review評鑑，並獲得了91的高分。現在的 Rufous搬到離舊址僅有幾步之處，更寬闊的空間依然維持着溫暖舒適的咖啡室氣氛，不過仍然時常一位難求，顧客要做好等位的打算。在單品咖啡和飽受好評的拿鐵咖啡之外，來到 Rufous 可別錯過 Geisha 冰滴咖啡，口感層次極為豐富。如果拿不定主意，問專業的小楊及其同事"今天推薦什麼咖啡？"也是很棒的方式。

🕐 1300-2200 (周五至周三)
🏠 大安區復興南路二段339號
📞 +886 2 2736 6880
f RUFOUS COFFEE

"純正冰滴咖啡，更勝酒品的濃醇香，是台北人文薈萃之地。"
—— 胡至宜，PPAPER

45 慈聖宮前小吃
Tsu Sheng Temple Food Stalls //
地圖 B • P.103

廟口小吃在台灣一向是美味的保證，大稻埕慈聖宮前就有這麼一片以古早傳統味為特色的小吃區域。在寺廟廣場的大榕樹下，坐在戶外桌椅上享用美食，老街裡的時光似乎是凝結的。這裡的小吃店和攤販從一大早就開始營業，一直到傍晚，不過許多受歡迎的食物在中午前就會賣完。從鯊魚煙、魠仔魚炒飯到鹹粥，都是傳統做法與精選食材，加上沒什麼調漲的價格，令喜愛美食的人，包括著名美食作家與網絡紅人，都會定期造訪慈聖宮。

🕘 0900-1700（周一至周日）
🏠 大同區保安街49巷17號

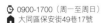
"一定要在中午以前去，若能三人以上一起點菜最好。可點不同攤子的食物請老闆送過來。"
—— 黃威融

46 蕭記大餛飩

Hsiao's Wonton // 地圖 U • P.110

每天上午七點，位於石牌捷運站附近的這家餛飩店就坐滿了食客。一般而言，台北人很少在早餐時段吃餛飩，只因為蕭記大餛飩現場製作的餐點太受歡迎。將豐富肉餡、蔬菜手工裹入輕薄麵皮，連清湯一起裝在碗裡的大餛飩，是這家店的招牌菜餚，另外鹹湯圓、魚丸也很受歡迎。想要一次品嚐到鹹湯圓和大餛飩？沒問題，店裡本來就提供將樣小吃拼配在同一碗的選擇。沒吃飽還可以點上店家手工製作的肉圓，晶瑩有彈性的外皮裡是豬肉和筍，是正宗台灣味道。

🕐 0700-1600（周二至周五），
0700-1400（周六及周日）
🏠 北投區裕民一路40巷21號
📞 +886 2 2822 4837

"湯圓每日製作，通常中午12點鹹湯圓就賣完了，
想吃的訪客要提早前往。"
—— 姚仲涵

47 紫藤廬
Wistaria Tea House // 地圖 G • P.105

紫藤廬之名源於這幢建於1920年代建築物庭院裡的三棵老紫藤蔓。這裡曾是日本高等官員的房舍，50年代後成為經濟學者周德偉的住所。周德偉與兒子周渝讓這裡成為自由主義者和民主化運動的文化沙龍，是討論西方現代思想以至創立批判雜誌的重要基地。自1980年代起，這裡成為茶館，命名為紫藤廬，以茶為媒介，舉辦藝文與茶藝活動，讓人在清幽的環境裡思索人生。

🕙 茶館 1000-2200（周一至周日）；
餐點 1130-1400，1730-2000（周一至周日）；
古蹟 1000-1700（周一至周日）
🏠 大安區新生南路三段16巷1號
📞 +886 2 2363 7375
URL www.wistariateahouse.com

"最好先預約，我們好喜歡它的綠豆糕。"
—— 22 Design Studio

48 大隱酒食 & 小隱私廚
James Kitchen // 地圖 G • P.105

2005年，曾於美國西岸經營餐廳的James Tseng 在以小吃聞名的永康街南端開設空間迷你的小隱私廚，以創新台菜的無菜單料理概念吸引眾多城中老饕；次年又在附近開了兩層樓的大隱酒食。現在James已退休，兩間餐廳交由表弟Peter經營，提供各種由台灣中部家常菜改良的菜式，看似簡單卻令人味口大開。必點香噴噴的豬油飯，而新鮮的炸蚵卷、燉煮什錦燒及菜脯蛋絕對讓人對台灣料理留下印象。兩間餐廳都有濃濃的舊時代居酒屋氣息，晚上常座無虛席。

🕐 大隱：1130-1400，1700-2200（周一至周日）；小隱：1730-0000（周二至周日）

🏠 大隱：大安區永康街65號，小隱：大安區永康街42-5號1樓 📞 大隱：+886 2 2343 2275，小隱：+886 2 2358 2393

📘 小隱：peterkitchentaipei 💳 只收現金

> "有趣的台菜餐廳，食材新鮮。"
> —— 鄭宗龍，雲門2

烤生蠔

鮮活蝦

草蝦 免費代烤
500 / K
900 / 2K

夜生活

本地精釀、夜市和音樂演出場地

在台北完全不用擔心晚上會寂寞，這個24小時營業的城市，提供宛若兩個世界的夜生活選項：可以遊走於音樂活動與派對場景，或一路享受聞名於世的夜市小吃直至清晨。城市東區是酒吧聚集地，嗜喝威士忌與調酒的時髦男女，會到台北101附近眾多lounge吧，在那能看到高樓組成的夜景。不過像是Ounce ⑤⑥ 和East End ⑤⑦ 等強調創意調酒的酒吧，則藏身於更低調的位置，Double Check ⑤⑧ 更是舒服得像是一個客廳，在這放下一切，好好感受DJ播放的樂曲節拍與享用啤酒。想要感受年輕氣息與音樂能量，就要到Revolver ⑤⑨，這裡幾乎每晚都有獨立樂團賣力表演，現場音樂重鎮還有Legacy Taipei ⑤④ 與The Wall。另一個夜晚，則讓你的胃成為夜貓子吧！前往人潮洶湧的寧夏夜市或者饒河夜市 ⑥⓪，瞧見每個排着長隊的攤位，當個跟隨者準沒錯，從臭豆腐到芋圓，價廉物美的各式熱食與甜點不會讓你破產，但可能會讓你長胖幾公斤。如果還沒過癮，凌晨兩點就陸續開門的油條豆漿店也已經在招手歡迎你了。

Revolver
P.091

Cherng
插畫家

在台北生活了20年，對很多事總有獨特見解。最近自詡是國際知名插畫家，是個左手畫畫的右撇子，不愛吃海鮮。

nos:books
出版社

主要出版限量藝術書。藉著出版藝術家的想法、行為，使出版物成為獨立的作品，印刷成為藝術家的媒材，從而推廣紙本成為當代藝術的一種形式。

HOUTH
品牌設計工作室

以品牌設計為核心，有效整合創意、設計、插畫、動態圖像及影像等，為客戶提供創新解決方案。設計均由HOUTH藝術總監及視覺設計師何婉君與創意總監及攝影師黃紀縢操刀。

Chuoyinshi
P.090

**Xiaozhang's
Seafood**
P.092

OMNI
P.094

haoshi design
產品設計工作室

相信生活中充滿着好美、好有趣的事，將一種單純、一份寧靜放進設計理念，讓人們從被繁雜事務影響着的思緒中解放開來。

劉耕名
動畫導演

動態圖像製作工作室Bito創辦人及創意總監。於紐約開展設計及插畫事業，回到台灣後專注動態圖像設計。相信動態圖像會成為未來圖像設計的主流。

江振誠
廚師

創辦新加坡Restaurant André及台北RAW。受南法新派料理影響，着重以新鮮農產、天然食材入饌。除烹飪外亦喜愛藝術，着迷於雕塑、陶藝及畫作。

The Top
P.093

**Legacy
Taipei**
P.095

陳瑞凱
1976主唱

1976曾獲金曲獎最佳樂團獎。他亦是唱片廠牌re:public records及藝文空間海邊的卡夫卡負責人。

Richie Lin
廚師

曾在哥本哈根的Noma及悉尼的Quay工作,於香港出生的廚師Richie Lin開設MUME,以台灣本地新鮮食材入饌。

王九思
BLANQ創辦人

創立工作室BLANQ,主力為酒店、發展商、餐廳及時裝界設計品牌;並開設CHiNGLiSH Concepts品牌顧問公司,糅合東西方文化,賦予客戶獨有的文化意涵與定位。

周筵川
Boven雜誌圖書館創辦人

經歷音樂和出版產業的美好年代,以及網路與數碼服務崛起的老派工作者,未來將進行改造城市閱讀的計劃,將創意養份灑落在城市各個角落。

宇宙人
樂團

成立於2004年暑假,由同樣畢業於建國中學的鍵盤手小玉和吉他手阿奎組成。和大家一樣漫步在這個地球上,紮紮實實地感受生活,並用音樂記錄時下年輕人最真實的寫照。

林書宇
電影導演暨編劇

畢業於世新大學廣電系電影組,並在美國加州藝術學院(California Institute of the Arts)電影製作研究所獲得碩士學位。從小居於台美兩地,作品糅合了西方戲劇敘事與台灣電影的靜思。

49 啜飲室
Chuoyinshi // 地圖 L • P.108

這是周末晚上和滿滿人群站着體驗手工啤酒的好地方。啜飲室背後是由五個熱愛研發和品嚐啤酒的朋友在2013年成立的手工啤酒商台虎精釀，除了市區的兩個啤酒體驗室，也有自己的啤酒工廠。這裡最引人注意的是不鏽鋼牆上的生啤酒拉把，裡面是20種以上來自世界各國的新鮮啤酒，這台設備能依照各款啤酒特性調出美妙的泡沫密度。如想坐下來喝酒，可在6點多先來這裡再去吃飯。

🕐 1700-2330（周一至周四），1500-0130（周五及周六），1500-2330（逢周日）
🏠 信義區忠孝東路五段68號
📞 +886 2 2722 0592
f cysxinyi

"酒都可以試喝，試到喜歡為止！"
—— Cherng

50 Revolver
地圖 A • P.103

每到周末夜晚，Revolver室內與門口就站滿了充滿活力的年輕群眾，其中有許多是來自各國的外國人。熱鬧而輕鬆的玩樂與社交氣氛在偏保守的台北實屬少見，這也是Revolver受到人們喜愛的原因。曾經在倫敦經營酒吧的英國人Jez於2010年設立了Revolver，希望酒吧能夠結合龐克與搖滾樂文化，因此二樓的live house幾乎每天都有表演。價格便宜的啤酒也是Revolver受歡迎的秘訣。店裡著名的口號"No Coldplay"，顯示店家和常客們對獨立音樂的堅持與獨到的幽默感。

🕐 1830-0300（周一至周四），1830-0500（周五及周六），1800-0100（逢周日）
🏠 中正區羅斯福路一段1之1號
📞 +886 2 3393 1678
🔗 www.revolver.tw

"平日晚上六時半至九時半有happy hour，如果晚點來的話，喝台灣生啤酒也不錯。"
—— HOUTH

51 小張龜山島
Xiaozhang's Seafood // 地圖 E • P.104

台灣四面環海，自然不會少了新鮮海產。小張龜山島這間著名的小吃店讓人可以在市區大啖美味海鮮。店老闆小張以前曾是漁夫，現在則每天上午都在宜蘭的海港挑選當日捕獲的海產，依照四季當令的各式食材，在店裡推出極簡主義烹調的料理成果。這裡最受歡迎的是各類野生海蝦和櫻花蝦炒飯，還有酥炸小鱈魚、小張親手調煮的鮟鱇魚湯等。剛被打撈上岸的魚類與貝類被放置在冰塊上展示，喜歡什麼就指一下給老闆看，這就是在台北品嚐海產的好方式。

🕐 1700-0100（周一至周日）
🏠 中山區遼寧街73號
📞 +886 9 2780 8693

"生吃的蝦可以先預訂，常常晚了就沒有了。"
—— nos:books

52 屋頂上
The Top // 地圖 T • P.110

這家販賣景觀的餐廳位於陽明山文化大學附近，向南可以觀賞到整個台北盆地的市區景色。沿着山坡而建的幾排小型房子與戶外桌椅，結合lounge風格的燈光和設計元素，讓屋頂上成為情侶和小型團體聚會的熱門地點。餐廳提供燒烤、炸物、炒菜等多種選擇，價格不低，但用餐氣氛很好。在最高處還有數個VIP包廂，適合舉辦小型派對。屋頂上在周末夜晚通常一位難求，若要現場等候座位，可前往旁邊的文化大學體育館，那裡是人們心目中觀賞夜景的最佳地點。

🕐 1700-0300（周一至周四），1700-0500（逢周五），1200-0500（逢周六），1200-0300（逢周日）
🏠 士林區凱旋路61巷4弄33號
📞 +886 2 2862 2255
URL www.compei.com

"無論是傍晚時分，或者是霓虹燈亮，
陽明山無疑是欣賞台北夜景的最佳選擇。"
—— haoshi design

53 OMNI

台北東區的夜晚總是聚集着派對迷，2015年開幕的OMNI是令他們瘋狂的新去處。這間大型夜店前身是夜晚活動聖地Luxy，經歷改造和換名字後，以眩目多媒體和燈光設計為重點，目標是讓OMNI成為國際知名夜店。背後團隊theLOOP與設計師訂製了一個寬達30米的巨型LED牆，並引進Ibiza大型俱樂部採用的頂級音響設備，對設計的注重讓OMNI屢獲設計獎項，包括iF Design Award。

🕐 2230-0430（周三、周五及周六）
🏠 大安區忠孝東路四段201號5樓
📞 +886 9 8380 3388
URL www.omni-taipei.com

"我會説這是台灣最好的夜店。儘管放鬆盡興吧！"
—— 江振誠，RAW, Restaurant André

54 Legacy Taipei
地圖 F • P.105

搖滾重度樂迷和小清新歌手粉絲們都喜愛前來Legacy Taipei。這是一個大型live house場地，華語音樂圈的重要團體和流行歌手在這個舞台獻出一個又一個讓現場聽眾如癡如醉的音樂演出。Legacy Taipei的空間由華山1914園區裡的老舊製酒廠改造，面積達750平方米，studio風格的演出場地讓演出者和聽眾能夠親密互動。另一個好處是挑高達八米的空間裡幾乎沒有阻礙視線的柱子，就算是晚到沒搶到靠近舞台前方位置也能看得清楚。

🏠 中正區八德路一段1號華山1914創意文化園區中5A館
📞 +886 2 2395 6660
URL www.legacy.com.tw
🔗 可於www.indievox.com購票，或於節目開演二小時前到現場購買（只限現金）。

"在倉庫裡的演唱會、瓶裝啤酒、站着嘶吼。讓我想起在布魯克林廢棄倉庫看表演的日子。這是一個充滿流動能量的空間！"
—— 劉耕名，Bito

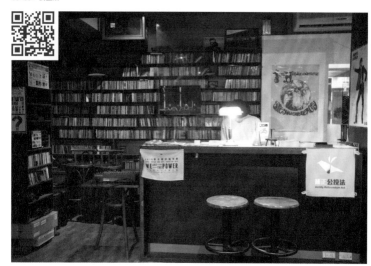

55 海邊的卡夫卡
Kafka by the Sea // 地圖 O • P.109

這間距離台灣大學不遠的二樓場地，混合了咖啡室、酒吧、live house和藝文空間等多重身份，從2005年開業以來便是文藝青年、獨立音樂狂熱者和新藝術家固定出沒的場所。老闆是1976樂團主唱阿凱，這間店就像他一樣善於跨界。許多歌手和樂團第一次演出就在這個尺度恰好而氣氛溫暖的場地。幾乎每個周末夜晚，海邊的卡夫卡都聚集着傾聽不插電音樂演出的年輕人群，很容易就會認識志同道合的新朋友。

🕐 1130-2230（周一至周四），1200-0000（周五至周日）
🏠 中正區羅斯福路三段244巷2號2樓
📞 +886 2 2364 1996
f kafka.republic

"周末晚上若有演出，白天仍照常營業，喜歡的朋友可以白天喝咖啡，晚上看表演。"
—— 陳瑞凱，1976

56 Ounce
地圖 J • P.107

低調地藏在一間咖啡室牆後的神秘酒吧,從2012年開業以來就是調酒愛好者的心頭名店。Ounce是近年流行起來的speakeasy風格酒吧的始祖,調酒師來自各國,依照當天客人的情緒與對飲品的個人喜好,直接現場調製令人回味的作品,約30個座位的酒吧在夜晚經常爆滿。2016年底,這裡變成提供餐點的Ounce Plus,供應經典調酒和美式食物。而Ounce則以Pop-up和新的形式再度為城市的調酒文化提出新概念。

🕐 Ounce Plus 1700-2200(周一至周六)
🏠 大安區敦化南路二段63巷40號
📞 +886 2 2708 6755
f OunceTaipei
🔗 關於Ounce Pop-up的最新消息請留意Facebook。

"雞尾酒實在太讚!"
—— Richie Lin,MUME

57 East End
地圖 H • P.106

由建築師陳瑞憲設計的賦樂旅居位於熙熙攘攘的大安路上，佔地不大的建築物裡卻別有洞天。這裡有日本著名調酒師上野秀嗣全球唯一合作酒吧East End，開設不久已成愛酒人士固定造訪的地點。East End駐店的調酒師都是調酒界筒中好手，擅於將本地特色融入調酒中。Emerald這款源自James Bond最愛的Vesper Martini調酒，以倫敦乾氈酒融入台灣碧螺春綠茶，讓人感受到獨特的清新。East End戶外有個比室內酒吧還大的露台，讓人能夠近距離觀察台北特有的不夜城街區。

🕐 1400-0100（周日至周四），1400-0200（周五及周六）🏠 大安區大安路一段56號賦樂旅居3樓
📞 +886 9 0353 1851 📘 EASTENDBARTAIPEI

"寧靜的環境配以出色的雞尾酒，是個令人放鬆的好地方。"
—— 王九思，BLANQ

58 Double Check

地圖 H • P.106

這是一間需要脫鞋才能進入的Lounge酒吧，從
這個設定開始就注定Double Check會帶給人一
個難忘的體驗。與Boven雜誌圖書館比鄰，幕後
經營者其實是同一個團隊，收藏量豐富的外國
雜誌成為酒吧的特色。Double Check的老闆Ken
本身是DJ，而整個空間就像他對公眾開放的客
廳，裡面的水族箱和多媒體裝置藝術反映他各類
型的興趣。來到Double Check，也可以當作自
己家客廳，和朋友們輕鬆閱讀雜誌，或享受美味
啤酒，或隨著周末駐場的DJ（經常是一些創意
界的狠角色）播放的節拍晃動身體。

🕐 1700-0000（周日至周四），1700-0100（周五
及周六）
🏠 大安區復興南路一段107巷5弄16號1樓
📞 +886 2 2778 3385
f doublecheck.tw

"別錯過周三、周五及周六晚上的駐場DJ放歌時段。"
—— 周筵川，Boven雜誌圖書館

59 南機場夜市
Nanjichang Night Market // 地圖 A • P.102

雖然南機場夜市規模不大，但這裡聚集了許多
便宜又美味的知名小吃，是許多本地夜間美食
饕客心中最愛。來來水餃是最受歡迎的一家，
現點現做的白菜和韭菜水餃是他們的招牌。附
近的鈺師傅上海生煎包也以料多大顆聞名。店
名就叫"好吃"的炸雞店賣的是有名的雞排，
總有人在排隊。永康街芋頭大王則有各式甜點
選擇。夜市所在的地點是1970年代興建的公寓
建築，雖然已經殘舊，但仍然能經由連排公寓
之間的旋轉樓梯，看見深受現代主義影響的設
計概念。

🕐 1600-0000（周一至周日）
🏠 萬華區中華路二段

> "沒有刻意迎合旅客去美化翻新，夜市的商舖攤檔和20年
> 前沒有兩樣。走着走着彷彿坐上了時光機。"
> —— 林書宇

60 饒河夜市
Raohe Street Night Market //
地圖 N • P.108

如同走進《銀翼殺手》的科幻都市場景，夜市裡
LED招牌上的文字令人眼花撩亂，夜間散發着神
秘光芒的寺廟前人群摩肩擦踵⋯⋯這裡是最能感
受到夜生活能量的饒河街夜市。已經有250年歷
史的松山慈祐宮和附近的碼頭，讓此區域成為城
市最早的集市之一，近20年饒河街則發展成為
最受歡迎的觀光夜市。全長600米，來自世界各
地的美食客都來這裡嚐滷味、燒烤、臭豆腐、藥
燉排骨和各式顏色詭異的飲品。不懂中文也沒關
係，看到有人排隊的攤位準不會出錯。

🕐 1700-2300（周一至周日）
📍 松山區饒河街

"在這裡，吃喝玩樂都找得到。建議搭乘捷運
或是Ubike前往。"
—— 宇宙人

101

地圖 A

Feng Da Coffee ●
15
● Top Coffee
◎ Ximen
Ah Cai Milkfish ●
內江街
長沙街二段
西寧南路
中華路一段 SEC 1 ZHONGHUA RD
博愛路
Presidential Offic Buildin
貴陽街二段
貴陽街一段
2
康定路
桂林路
昆明街
博愛路
● Wanhua Herb Alley
廣州街
愛國西路
◎ Xiaona
◎ Longshan Temple
SEC 3 HEPING W RD
博愛路
和平西路三段

含 Wanhua
艋舺大道
Shimokitazawa Books ●
TAIPEI BOTANICAL GARDEN
6
National Craft Rese Development

萬大路
莒光路
National Museum of History ●
南海
和平西路二段

西藏路
59
慶安街

2_艋舺龍山寺
6_台北植物園
15_西門紅樓
59_南機場夜市

地圖 D

地圖 F ▶

地圖 B

228和平公園

NTU Hospital

Taipei Guest House

UNIVERSITY OF TAIPEI

愛國西路

涼州街

迪化街一段

延平北路二段

Ren-an Hospital

45

9

民生西路

inBlooom

ArtYard

Taipei Xiahai City God Temple

Dadaocheng Wharf

西寧北路

35

1000 ft.

地圖 C

仁愛路三段

建國南路一段

Artland Bookstore

ZHONGSHAN S RD

信義路一段

中山南路

10

50

41

南昌路一段

34

Chiang Kai-shek Memorial Hall

南海路

南昌路二段

地圖 G ▶

Daan Park

36

信義路三段

1000 ft.

1000 ft.

- 9_迪化街
- 10_國家兩廳院
- 34_南門市場
- 35_永樂布業市場
- 36_建國假日花市
- 41_香色
- 45_慈聖宮前小吃
- 50_Revolver

103

區域地圖：大同、中山

- 14_朋丁
- 22_樹火紀念紙博物館
- 23_光點台北
- 31_日星鑄字行
- 42_公園咖啡館
- 51_小張龜山島

- ● 7_齊東街日式宿舍群
- ● 24_華山1914文創園區
- ● 33_小白兔唱片行
- ● 38_小慢
- ● 47_紫藤廬
- ● 48_大隱酒食＆小隱私廚
- ● 54_Legacy Taipei

區域地圖：大安

地圖 H

地圖 L ▶

DigiLog ●

CIVIC BLVD　市民大道　CIVIC BLVD

58　13

● Miacucina

敦化南路一段

● VVG Something
● VVG Bistro

● COSTUMICE CAFÉ

57

Qiaotou
Spicy Hot Pot

德興南路一段

Dee ●

● Artifacts

Wa-shu ●

敦化南路一段

大安路一段

COFFEE : STAND UP ●

敦化南路一段

53

Zhongxiao
Fuxing

SEC 4 ZHONGXIAO E RD　忠孝東路四段　SEC 4 ZHONGXIAO E RD

Zhongxiao
Dunhua

Yang Ming
Spring Restaurant

大安路一段

延吉街

● Eslite Dunnan Store (24hr)

Fairy Taipei ●

● Home Hotel
Da'an

仁愛路四段

仁愛路四段

敦化南路一段

安和路一段

The Green Room ●

TUA ●

Coffee
Megane

● PEKOE

27

Chingshin ●

信義路四段

● Quelques Pâtisseries

地圖 J
▼

1000 ft.

....

● 13_Boven雜誌圖書館
● 27_The Town Crier
● 53_OMNI
● 57_East End
● 58_Double Check

106

地圖 I

民權東路四段

民權公園

富錦街

43 haveAnice...479

富錦街

光復北路

FujinTree 355

BEANS & BEATS

新中街

三民路

20

民生東路五段

民生東路四段

SunnyHills

1000 ft.

地圖 J

Xinyi Anhe

信義路四段

Taipei 101/
World Trade Center

松勤街

吳興街

28

56

Nanshan Theater

敦化南路二段

CLASSICO

安和路二段

Tonghua Night Market

Da Hua Xiangchang

基隆路二段

Chingshin

26

1000 ft.

地圖 K

和平東路三段

44

敦化南路二段

基隆路二段

Liuzhangli

復興南路二段

URBN
culture

25

樂業街

莊敬街

5

辛亥路三段

KEELUNG RD OVERPASS

樂業街

Taimo
Cafe

1000 ft.

- 5_辜振甫先生紀念圖書館
- 20_透明公園
- 25_Delicate Antique
- 26_陳敬凱工作室
- 28_好丘
- 43_日光大道富錦廚房
- 44_Rufous Coffee
- 56_Ounce

地圖 L

32

市民大道五段

● Taipei Railway Workshop

CIVIC BLVD

市民大道高架道路

CIVIC BLVD

菸廠路

29

ZHENGYI BRIDGE 正義橋

19

● Green-in-hand   ● A Day Cafe

Songshan
Cultural and
Creative Park

● Yue Yue & Co.

松隆路

光復南路

永吉路

SEC. 4 ZHONGXIAO E RD   忠孝東路四段

● Taipei City Hall

Solo Trattoria

WOOBAR ●

49

1000 ft.

地圖 M

信義路五段

⊘ Xiangshan

中強公園

XINYI EXPY
信義快速道路

XINYI EXPY

松仁路

信義路五段

8

1000 ft.

地圖 N

松河街

60

八德路四段

Fuzhou Shizu Pepper Bun

⊘ Songshan

市民大道六段

Songshan

松山路

中坡北路

1000 ft.

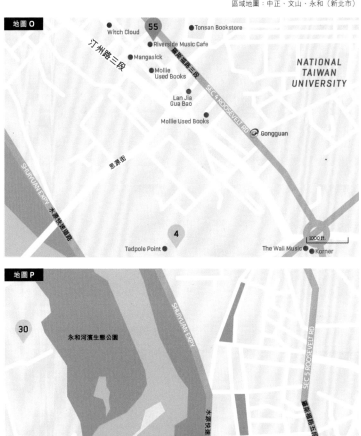

地圖 O

Witch Cloud
55
Tonsan Bookstore
Riverside Music Cafe
汀州路三段
Mangasick
Mollie Used Books
Lan Jia Gua Bao
Mollie Used Books
NATIONAL TAIWAN UNIVERSITY
SEC 1 ROOSEVELT RD
羅斯福路三段
Gongguan
思源街
SHUIYUAN EXPY 水源快速道路
4
Tadpole Point
1000 ft.
The Wall Music
Korner

地圖 P

30
永和河濱生態公園
SHUIYUAN EXPY
水源快速道路
SEC 5 ROOSEVELT RD
羅斯福路五段
Wanlong
40
萬隆街
1000 ft.

- 4_寶藏巖
- 30_福和橋跳蚤市場
- 55_海邊的卡夫卡
- 40_動物誌

區域地圖：北投、士林、淡水（新北市）

- 1_國立故宮博物院
- 11_台北市立圖書館北投分館
- 16_北投文物館
- 21_雲門劇場
- 46_蕭記大餛飩
- 52_屋頂上

地圖 W

17
至善路三段
碧溪產業道路
1000 ft.

地圖 X

汐萬路三段
37
1000 ft.

地圖 Y

3
崇實路
大直街
1000 ft.

地圖 Z

Jiannan Road
北安路
植福路
39
樂群三路
● RyuGin Taipei
1000 ft.

地圖 AA

DAJIA RIVERSIDE PARK
12
國道一號 SUN YAT-SEN FWY
國道一號 SUN YAT-SEN FWY
濱江街
1000 ft.

地圖 AB

Xihu
瑞光路
18
堤頂大道二段
瑞光路
1000 ft.

- 3_實踐大學設計學院
- 12_台北河濱自行車道
- 17_少少 - 原始感覺研究室
- 18_學學文創
- 37_食養山房
- 39_RAW

住宿

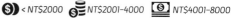

$ < NT$2000   **$$** NT$2001-4000   **$$$** NT$4001-8000

新派青年旅舍、服務式公寓及時尚旅館

人在旅途,每晚睡得好、養足精神再出發旅遊最要緊,我們
精選的住宿地點兼顧各種需
要,無論你是背包客,還是
商務行皆各得其所。

你好咖啡旅館

隱藏於距離捷運大安站三分鐘路程的小巷內,旅
館那滿佈植物的前廊總會令旅客感覺置身綠洲。
旅館提供雙人至四人間,房間精緻小巧,處處以
小盆栽點綴,綠意盈盈。和房間設在同一層的咖
啡室供應豐富早、午餐,旅客惠顧均可享85折
優惠,而其每日新鮮出爐的蛋糕甜點更連非住客
也慕名而去品嚐。

🏠 大安區信義路3段147巷5弄4號
📞 +886 2 2389 7563
📘 nihaocafehotel

$$

玩味旅舍

入住玩味旅舍就好像住進一所設計美術館一樣。旅社鼓勵喜愛設計的旅客親身使用、體驗及購買裡面超過100個台灣家具產品品牌。五個主題房間均經細心策劃，分別強調在地文化、創意、工藝及生產科技。旅客亦可從網上遙距策劃，自選旅舍內喜愛的品牌佈置整個房間。

🏠 大同區太原路156-2號　📞 +886 2 2555 5930　💲
URL www.playdesignhotel.com

富藝旅 • 台北大安

🏠 大安區信義路四段30巷23號
📞 +886 2 6626 0658
🔗 www.folio-hotels.com/daan

路途行旅

🏠 中正區延平南路68號
📞 +886 2 2312 0589
🔗 www.roadershotel.com

玖樓

URL www.9floorspace.com $\textcircled{S}$

西門町 艾特文旅

🏠 萬華區武昌街二段124之2號
📞 +886 2 2388 5558
f Artoteltaipei

二十輪旅店 大安館

🏠 大安區大安路一段185號
📞 +886 2 2703 2220
f swiiodaan

記事簿

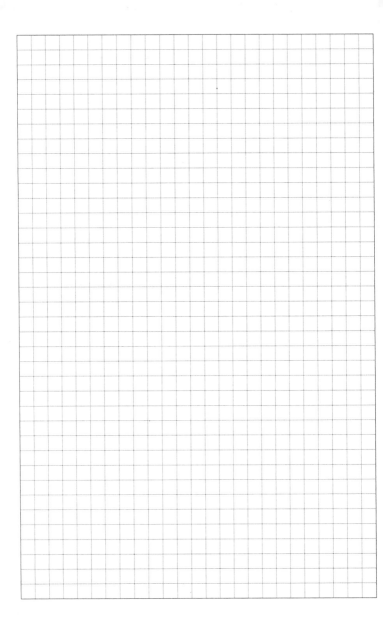

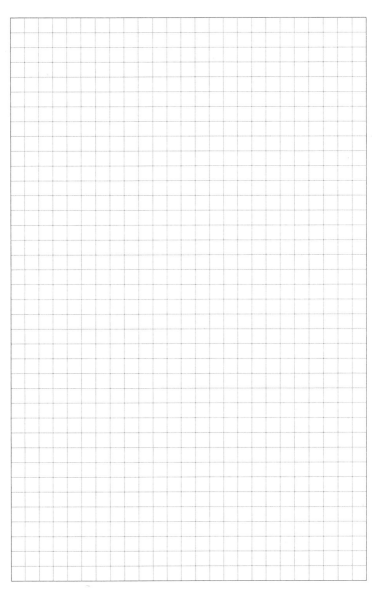

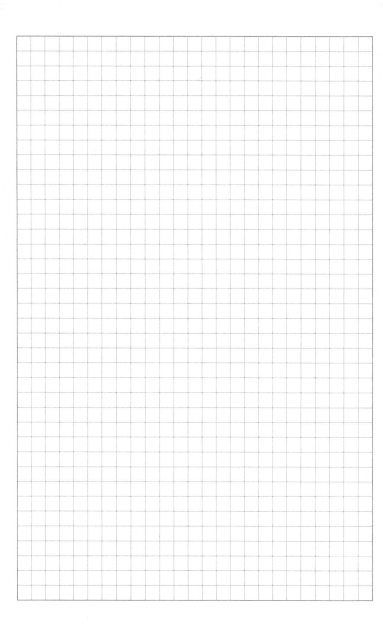

索引

陳奕仁 @仙草影像, p015
www.grassjelly.tv

When Chen, p078
whenchen.com

姚仲涵, p083
www.yaolouk.com

音樂

宇宙人, p101
FB: cosmospeople

貓王不討喜, p062
FB: firstofmaystudio

陳瑞凱 @1976及海邊的卡夫
卡, p096
www.the1976.com
FB: kafka.republic

Riin @女孩與機器人, p022
FB: the.girl.and.the.robots

攝影

張傑, p050
www.behance.net/changchieh0123

陳冠凱, p023
www.cargocollective.com/
KairChen

張哲榕, p064
www.sim.tw

謝昕妮, p076
sydneysie.com

出版

杜祖業 @GQ Taiwan, p077
www.gq.com.tw

男子休日委員會, p065
FB: dayoff.daily

黃威融, p082
FB: esliteonthedesk

胡至宜 @PPAPER, p080
FB: ivehu

nos:books, p092
nosbooks.com

部分照片來源

嗅飲室, p090
（全部圖片）嗅飲室

雲門劇場, p041
（p028, p041 室內及綵排圖片）
劉振祥

Legacy Taipei, p095
（演出圖片）Legacy Taipei

國家兩廳院, p024-025
（p024）許斌
（p025）陳敏佳

OMNI, p094
（全部圖片）Derek

Ounce, p097
（全部圖片）Ounce

RAW Taipei, p074-075
（全部圖片）RAW Taipei

食養山房, p70-p071
（p066, p070至p071全部圖片）
食養山房

SPOT Taipei, p044
（全部圖片）The Taipei House
（光點台北）

西門紅樓, p034
（全部圖片）西門紅樓

刊登於住宿章節的圖片，由個別
酒店提供。你好咖啡旅館：(全部
圖片) motif.com.tw

© 2017 viction workshop ltd
香港北角英皇道蜆殼街9-23號秀明中心7樓C室
www.victionary.com / we@victionary.com

責任編輯：趙寅
設計：viction workshop ltd
封面地圖插畫：陳狐狸
內文插畫：Guillaume Kashima aka Funny Fun
攝影：TODAY TODAY

書名：CITIx60：台北
編著：viction workshop ltd
特約策劃及撰稿：UN1 INC.
出版：三聯書店（香港）有限公司
　　　香港北角英皇道499號北角工業大廈20樓
　　　www.jointpublishing.com / publish@jointpublishing.com
發行：香港聯合書刊物流有限公司
　　　香港新界大埔汀麗路36號3字樓

版次：2017年5月初版
規格：48開 (113 x 165 mm) 132頁
國際書號：ISBN 978-962-04-4153-0
© 2017 Joint Publishing (H.K.) Co., Ltd.

本書陳述的資訊及內容，為2017年5月最新版本，旅客需於出
發之前按實際情況查證各景點的最新消息及變動。

鳴謝

特別鳴謝所有創作人、攝影師（們）、編輯、製作人、機構及
組織，你們的協力，帶來的創意靈感和真知灼見，是 CITIx60成
書的關鍵。此外，我們也感謝一眾參與本書製作的無名英雄，
你們不問回報的支持和鼓勵，我們由衷感激。

JPBooks.Plus
http://jpbooks.plus

三聯書店
http://jointpublishing.com

城市指南

CITIx60城市指南精心挑選全球最精彩的設計都會內多個熱點。
從景點到住宿，城市指南系列由當地人指點迷津，搜羅最地道的好
去處。

每本指南均由當地來自廣告、建築、平面設計、時裝、產品設計、
餐飲、音樂及出版等走在潮流尖端的知名創意人士為你引路，分享
其精心挑選的漫遊熱點。不論你是過境客或是深度行，CITIx60都
是最佳靈感嚮導。

請密切留意即將陸續出版的CITIx60城市指南。

其他CITIx60城市指南：

巴黎
巴塞隆拿
東京
柏林
倫敦
紐約
香港
阿姆斯特丹
洛杉磯
維也納
斯德哥爾摩
墨爾本
新加坡